Nº 20 (*Bibliogr.* 35)

LE
BRUTUS
DE MONSIEUR
DE VOLTAIRE,
AVEC
UN DISCOURS
SUR LA TRAGEDIE.

Seconde Edition revuë & corrigée par l'Auteur.

A AMSTERDAM,
Chez E. J. LEDET & COMPAGNIE,
ET
JAQUES DESBORDES.
M. DCC. XXXI.

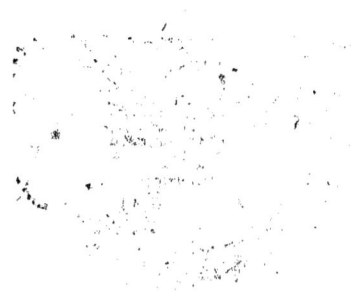

DISCOURS

SUR LA

TRAGEDIE.

A MYLORD

BOLINGBROOKE.

SI je dédie à un Anglois un Ouvrage représenté à Paris, ce
n'est pas, MYLORD, qu'il
n'y ait aussi dans ma Patrie des
Juges très-éclairez, & d'excellens Esprits auxquels j'eusse pû
rendre cet hommage. Mais vous savez que la
Tragédie de Brutus est née en Angleterre :
Vous vous souvenez que lorsque j'étois retiré
à Wandsworth, chez mon ami M. Faukener,
ce digne & vertueux Citoyen, je m'occupai

A 2   chez

chez lui à écrire en Prose Angloise le premier
Acte de cette Pièce, à peu près tel qu'il eſt
aujourd'hui en Vers François. Je vous en
parlois quelquefois, & nous nous étonnions
qu'aucun Anglois n'eût traité ce ſujet, qui de
tous eſt peut-être le plus convenable a votre
Théatre. Vous m'encouragiez à continuer un
Ouvrage ſuſceptible de ſi grands ſentimens.

Souffrez donc que je vous préſente B R U T U S,
quoiqu'écrit dans une autre Langue, *docte ſer-*
mones utriusque linguæ, à vous qui me donne-
riez des leçons de François auſſi-bien que
d'Anglois, à vous qui m'apprendriez du moins
à rendre à ma Langue cette force & cette éner-
gie qu'inſpire la noble liberté de penſer ; car
les ſentimens vigoureux de l'ame paſſent toujours dans le langage, & qui penſe fortement,
parle de même.

Je vous avoue, MYLORD, qu'à mon
retour d'Angleterre où j'avois paſſé deux années
dans une étude continuelle de votre Langue,
je me trouvai embaraſſé lorsque je voulus com-
poſer une Tragédie Françoiſe. Je m'étois
preſque accoutumé à penſer en Anglois, je
ſentois que les termes de ma Langue ne ve-
noient plus ſe préſenter à mon imagination avec
la même abondance qu'auparavant ; c'étoit
comme un ruiſſeau dont la ſource avoit été dé-
tournée ; il me fallut du tems & de la peine
pour le faire couler dans ſon premier lit. Je
compris bien alors que pour réüſſir dans un Art,
il le faut cultiver toute ſa vie.

Ce

Ce qui m'effraya le plus, en rentrant dans cette carriere, ce fut la févérité de notre Poëfie, & l'efclavage de la rime. Je regrettois cette heureufe liberté que vous avez d'écrire vos Tragédies en vers non rimez, d'allonger, & furtout d'accourcir presque tous vos mots, de faire enjamber les vers les uns fur les autres, & de créer dans le befoin des termes nouveaux, qui font toujours adoptez chez vous, lorsqu'ils font fonores, intelligibles & néceffaires. Un Poëte Anglois, difois-je, eft un homme libre qui affervit fa Langue à fon genie; le François eft un efclave de la rime, obligé de faire quelquefois quatre vers, pour exprimer une penfée qu'un Anglois peut rendre en une feule ligne. L'Anglois dit tout ce qu'il veut, le François ne dit que ce qu'il peut. L'un court dans une carriere vafte, & l'autre marche avec des entraves dans un chemin gliffant & étroit.

Malgré toutes ces réflexions & toutes ces plaintes, nous ne pourrons jamais fecouër le joug de la rime, elle eft effentielle à la Poëfie Françoife. Notre Langue ne comporte point d'inverfions, nos Vers ne fouffrent point d'enjambement: Nos fyllabes ne peuvent produire une harmonie fenfible par leurs mefures longues ou bréves: Nos céfures & un certain nombre de pieds ne fuffiroient pas pour diftinguer la Profe d'avec la Verfification; la rime eft donc néceffaire aux Vers François.

De plus, tant de Grands Maîtres qui ont fait des vers rimez, tels que les Corneilles, les Racines,

De la rime & de la difficulté de la Verfification Françoife.

les

les Defpreaux, ont tellement accoutumé nos oreilles à cette harmonie, que nous n'en pourrions pas fupporter d'autre; & je le répète encore, quiconque voudroit fe délivrer d'un fardeau qu'a porté le Grand Corneille, feroit regardé avec raifon, non pas comme un génie hardi qui s'ouvre une route nouvelle, mais comme un homme très-foible qui ne peut pas fe foutenir dans l'ancienne carriere.

Tragedies en Profe.

On a tenté de nous donner des Tragédies en Profe; mais je ne crois pas que cette entreprife puiffe déformais réüffir; qui a le plus ne fauroit fe contenter du moins. On fera toujours mal venu à dire au Public, je viens diminuer votre plaifir. Si au milieu des Tableaux de Rubens ou de Paul Veronefe, quelqu'un venoit placer fes deffeins au crayon, n'auroit-il pas tort de s'égaler à ces Peintres? On eft accoutumé dans les Fêtes, à des Danfes & à des Chants. Seroit-ce affez de marcher & de parler, fous prétexte qu'on marcheroit & qu'on parleroit bien, & que cela feroit plus aifé & plus naturel?

Il y a grande apparence qu'il faudra toujours des vers fur tous les Théatres Tragiques, & de plus toujours des rimes fur le nôtre. C'eft même à cette contrainte de la rime, & à cette févérité extrême de notre verfification que nous devons ces excellens ouvrages que nous avons dans notre Langue.

Nous voulons que la rime ne coute jamais rien aux penfées, qu'elle ne foit ni triviale ni trop

trop recherchée ; nous exigeons rigoureusement
dans un vers la même pureté, la même exacti-
tude que dans la Profe. Nous ne permettons
pas la moindre licence ; nous demandons qu'un
Auteur porte fans difcontinuer toutes ces chaî-
nes, & cependant qu'il paroiffe toujours libre,
& nous ne reconnoiffons pour Poëtes que ceux
qui ont rempli toutes ces conditions.

Voilà pourquoi il eft plus aifé de faire cent
vers en toute autre Langue, que quatre vers en
François. L'exemple de notre Abbé Regnier
Defmarais de l'Académie Françoife & de celle *de
la Crufca*, en eft une preuve bien évidente. Il
traduifit Anacréon en Italien avec fuccès, &
fes vers François font, à l'exception de deux
ou trois Quatrains, au rang des plus médio-
cres. Notre *Ménage* étoit dans le même cas,
& combien de nos beaux Efprits ont fait de très-
beaux vers Latins, & n'ont pû être fupporta-
bles en leur Langue ?

Je fai combien de difputes j'ai effuyées fur notre
verfification en Angleterre, & quels reproches
me fait fouvent le favant Evêque de Rochefter
fur cette contrainte puérile qu'il prétend que
nous nous impofons de gayeté de cœur. Mais
foyez perfuadé, MYLORD, que plus un
Etranger connoîtra notre Langue, & plus il
fe réconciliera avec cette rime qui l'effraye d'a-
bord. Non feulement elle eft néceffaire à notre Tragédie, mais elle embellit nos Comédies
même. Un bon mot en vers en eft retenu plus
aifément ; les portraits de la vie humaine feront

Exemples de la difficulté des Vers Fran-çois.

La rime plaît aux François même dans les Comé-dies.

A 4   tou-

toujours plus frappans en vers qu'en profe, &
qui dit *Vers* en François, dit néceffairement
des vers rimez : en un mot, nous avons des
Comédies en Profe du célèbre Moliere, que
l'on a été obligé de mettre en vers après fa
mort, & qui ne font plus jouées que de cette
maniere nouvelle.

Caracte-
re du
Theatre
Anglois.
Ne pouvant, MYLORD, hazarder fur
le Théatre François des vers non rimez, tels
qu'ils font en ufage en Italie & en Angleterre,
j'aurois du moins voulu transporter fur notre
Scène certaines beautez de la vôtre. Il eft vrai,
& je l'avoue, que le Théatre Anglois eft bien
défectueux : J'ai entendu de votre bouche, que
vous n'aviez pas une bonne Tragédie ; mais en
récompenfe dans ces Pièces fi monftrueufes,
vous avez des Scènes admirables. Il a manqué
jufqu'à préfent à prefque tous les Auteurs Tragiques de votre Nation, cette pureté, cette
conduite réguliere, ces bienféances de l'action
& du ftile, cette élégance, & toutes ces finef-
fes de l'Art, qui ont établi la réputation du
Théatre François depuis le Grand Corneille. Mais vos Pièces les plus irrégulieres ont un
grand mérite, c'eft celui de l'action.

Nous avons en France des Tragédies efti-
mées, qui font plutôt des converfations qu'elles ne font la repréfentation d'un événement.
Un Auteur Italien m'écrivoit dans une Lettre
fur les Théatres „ Un Critico del noftro Paf-
„ tor fido diffe che quel componimento era un
„ riaffunto di belliffimi Madrigali, credo, fe
„ Vi-

„ viveſſe, che direbbe delle Tragedie Franceſi,
„ che ſono un riaſſunto di belle Elegie & ſon-
„ tuoſi Epitalami.

J'ai bien peur que cet Italien n'ait trop raiſon. Notre délicateſſe exceſſive nous force
quelquefois à mettre en récit ce que nous
voudrions expoſer aux yeux. Nous craignons
de hazarder ſur la Scène des Spectacles nouveaux devant une Nation accoutumée à tourner
en ridicule tout ce qui n'eſt pas d'*uſage*.

L'endroit où l'on joue la Comédie, & les a-
bus qui s'y ſont gliſſez, ſont encore une cauſe
de cette ſechereſſe qu'on peut reprocher à
quelques-unes de nos Pièces. Les bancs qui
ſont ſur le Théatre deſtinez aux Spectateurs,
rétréciſſent la Scène, & rendent toute action
preſque impraticable. Ce défaut eſt cauſe que
les Décorations tant recommandées par les An-
ciens, ſont rarement convenables à la Pièce.
Il empêche ſur tout que les Acteurs ne paſſent
d'un appartement dans un autre aux yeux des
Spectateurs, comme les Grecs & les Romains
le pratiquoient ſagement pour conferver à la
fois l'unité de lieu & la vraiſemblance.

Défauts du Théatre Fran- çois.

Comment oſerions-nous ſur nos Théatres
faire paroître, par exemple, l'ombre de Pom-
pée, ou le génie de Brutus, au milieu de tant
de jeunes gens qui ne regardent jamais les choſes les plus ſérieuſes que comme l'occaſion de
dire un bon mot? Comment apporter au milieu d'eux ſur la Scène, le corps de Mar-
çus, devant Caton ſon pere, qui s'écrie:

Exem- ple du Caton Anglois.

A 5   „ Heu-

„ Heureux jeune homme, tu ès mort pour
„ ton pays! O mes amis, laissez-moi compter
„ ses glorieuses blessures! Qui ne voudroit
„ mourir ainsi pour la patrie? Pourquoi n'a-
„ t-on qu'une vie à lui sacrifier! . . . . Mes
„ amis ne pleurez point ma perte, ne regret-
„ tez point mon fils, pleurez Rome, la mai-
„ tresse du monde n'est plus, ô liberté! ô ma
„ patrie! . . . ô vertu! &c.

Voilà ce que feu M. Addisson ne craignit
point de faire representer à Londres, voilà ce
qui fut joué, traduit en Italien, dans plus d'u-
ne Ville d'Italie. Mais si nous hazardions à
Paris un tel spectacle, n'entendez-vous pas déja
le Parterre qui se récrie? & ne voyez-vous pas
nos femmes qui détournent la tête?

Vous n'imagineriez pas à quel point va cette délicatesse. L'Auteur de notre Tragédie de
Manlius prit son sujet de la Pièce Angloise de
M. Otway, intitulée, *Venise sauvée*. Le sujet
est tiré de l'Histoire de la conjuration du Mar-
quis de Bedemar, écrite par l'Abbé de S. Réal;
& permettez-moi de dire en passant que ce
morceau d'Histoire, égal peut-être à Saluste,
est fort au dessus & de la Pièce d'Otway & de
notre Manlius.

*Compa-
raison du
Manlius
de M. de
la Fosse,
avec la
Venise
de M.
Otway.*

Prémierement, vous remarquez le préjugé
qui a forcé l'Auteur François à déguiser sous
des noms Romains une avanture connuë, que
l'Anglois a traitée naturellement sous les noms
véritables. On n'a point trouvé ridicule au
Théatre de Londres, qu'un Ambassadeur Es-
pagnol

pagnol s'appellât Bedemar ; & que des conjurez euſſent le nom de Jaffier, de Jacques-Pier-
re, d'Eliot ; cela ſeul en France eût pû faire
tomber la Pièce.

Mais voyez qu'Otway ne craint point d'aſ-
ſembler tous les Conjurez. Renaud prend
leurs ſermens, aſſigne à chacun ſon poſte, preſ-
crit l'heure du carnage , & jette de tems en
tems des regards inquiets & ſoupçonneux ſur
Jaffier dont il ſe défie. Il leur fait à tous ce
diſcours pathétique, traduit mot pour mot de
l'Abbé de S. Réal.

Jamais repos ſi profond ne précéda un trouble ſi
grand. Notre bonne deſtinée a aveuglé les plus
clairvoyans de tous les hommes , raſſuré les plus ti-
mides, endormi les plus ſoupçonneux , confondu les
plus ſubtils : nous vivons encore, mes chers amis ...
nous vivons, & notre vie ſera bientôt funeſte aux
tyrans de ces lieux, &c.

Qu'a fait l'Auteur François? Il a craint de
hazarder tant de perſonnages ſur la Scène; il ſe
contente de faire réciter par *Renaud* ſous le nom
de *Rutile*, une foible partie de ce même diſcours qu'il vient, dit-il, de tenir aux Conjurez Ne ſentez-vous pas par ce ſeul expoſé
combien cette Scène Angloiſe eſt au-deſſus de
la Françoiſe, la Pièce d'Otway fut-elle d'ailleurs monſtrueuſe.

Avec quel plaiſir n'ai je point vû à Londres
votre Tragédie de Jules Ceſar, qui depuis cent
cinquante années fait les délices de votre Nation? Je ne prétens pas aſſurément approuver
les

les irrégularitez barbares dont elle eft remplie.
Il eft feulement étonnant qu'il ne s'en trouve
pas davantage dans un ouvrage compofé dans
un fiécle d'ignorance, par un homme qui même ne favoit pas le Latin, & qui n'eut de
Maître que fon génie; mais au milieu de tant
de fautes groffieres, avec quel raviffement je
voyois Brutus tenant encore un poignard teint
du fang de Céfar, affembler le Peuple Romain,
& lui parler ainfi du haut de la Tribune aux
Harangues.

*Romains, compatriotes, amis, s'il eft quelqu'un
de vous qui ait été attaché à Céfar, qu'il fache que
Brutus ne l'étoit pas moins : Oui, je l'aimois,
Romains, & fi vous me demandez pourquoi j'ai
verfé fon fang, c'eft que j'aimois Rome davantage.
Voudriez-vous voir Céfar vivant, & mourir fes
efclaves, plutôt que d'acheter votre liberté par fa
mort? Céfar étoit mon ami, je le pleure ; il étoit
beureux, j'applaudis à fes triomphes ; il étoit
vaillant, je l'honore; mais il étoit ambitieux, je
l'ai tué.*

*Y a-t-il quelqu'un parmi vous affez lâche pour
regretter la fervitude? S'il en eft un feul, qu'il
parle, qu'il fe montre ; c'eft lui que j'ai offenfé :
Y a-t-il quelqu'un affez infâme pour oublier qu'il eft
Romain? Qu'il parle, c'eft lui feul qui eft mon
ennemi.*

CHOEUR DES ROMAINS.

Perfonne, Non, Brutus, perfonne.

BRU-

BRUTUS.

Ainsi donc je n'ai offensé personne. Voici le corps du Dictateur qu'on vous apporte ; les derniers devoirs lui seront rendus par Antoine, par cet Antoine, qui n'ayant point eu de part au châtiment de César, en retirera le même avantage que moi & que chacun de vous, le bonheur inestimable d'être libre. Je n'ai plus qu'un mot à vous dire : J'ai tué de cette main mon meilleur ami pour le salut de Rome ; je garde ce même poignard pour moi, quand Rome demandera ma vie.

LE CHOEUR.

Vivez, Brutus, vivez à jamais.

Après cette Scène, Antoine vient émouvoir de pitié ces mêmes Romains, à qui Brutus avoit inspiré sa rigueur & sa barbarie. Antoine par un discours artificieux ramene insensiblement ces esprits superbes, & quand il les voit radoucis, alors il leur montre le corps de César, & se servant des figures les plus pathétiques, il les excite au tumulte & à la vangeance.

Peut-être les François ne souffriroient pas que l'on fît paroître sur leur Théâtre un Chœur composé d'Artisans & de Plebeïens Romains ; que le corps sanglant de César y fût exposé aux yeux du peuple, & qu'on excitât ce peuple à la vangeance du haut de la Tribune aux Harangues ;

gues; c'eft à la Coutume qui eft la Reine de
ce monde, à changer le goût des Nations, & à
tourner en plaifir les objets de notre averfion.

Spectacles horribles chez les Grecs.

Les Grecs ont hazardé des Spectacles non
moins revoltans pour nous. Hippolite brifé par
fa chute, vient compter fes bleffures & pouffer
des cris douloureux. Philoctete tombe dans fes
accès de fouffrance, un fang noir coule de fa
playe. OEdipe couvert du fang qui dégoute encore des reftes de fes yeux qu'il vient d'arracher, fe plaint des Dieux & des hommes. On
entend les cris de Clitemneftre que fon propre
fils égorge; & Electre crie fur le Théâtre:
*Frappez, ne l'épargnez pas, elle n'a pas épargné no-
tre pere.* Promethée eft attaché fur un Rocher
avec des cloux qu'on lui enfonce dans l'eftomac
& dans les bras. Les furies répondent à l'ombre
fanglante de Clitemneftre par des hurlemens fans
aucune articulation. Beaucoup de Tragédies
Grecques, en un mot, font remplies de cette
terreur portée à l'excès.

Je fai bien que les Tragiques Grecs, d'ailleurs fuperieurs aux Anglois, ont erré en prenant fouvent l'horreur pour la terreur, & le dé-
goûtant & l'incroyable pour le tragique & le
merveilleux. L'Art étoit dans fon enfance à
Athènes du tems d'Æfchyle, comme à Londres du temps de Shakefpear; mais parmi les
grandes fautes des Poëtes Grecs, & même des
vôtres, on trouve un vrai pathétique & de fin-
guliéres beautez; & fi quelques François qui
ne connoiffent les Tragédies & les mœurs é-
trangeres que par des traductions & fur des ouï
dire,

dire, les condamnent sans aucune restriction,
ils sont, ce me semble, comme des aveugles,
qui assureroient qu'une rose ne peut avoir de
couleurs vives, parce qu'ils en compteroient les
épines à tâtons.

Mais si les Grecs & vous, vous passez les
bornes de la bienséance, & si surtout les Anglois ont donné des spectacles effroyables, voulant en donner de terribles; nous autres François aussi scrupuleux que vous avez été témé-
raires, nous nous arrêtons trop de peur de
nous emporter, & quelquefois nous n'arrivons
pas au tragique, dans la crainte d'en passer les
bornes.

Je suis bien loin de proposer que la Scène
devienne un lieu de carnage, comme elle l'est
dans Shakespear, & dans ses successeurs, qui
n'ayant pas son génie, n'ont imité que ses défauts; mais j'ose croire qu'il y a des situations
qui ne paroissent encore que dégoûtantes & horribles aux François, & qui bien ménagées, re-
présentées avec art, & surtout adoucies par le
charme des beaux vers, pourroient nous faire
une sorte de plaisir; dont nous ne nous dou-
tons pas.

Il n'est point de serpent ni de monstre odieux,

Qui par l'Art imité ne puisse plaire aux yeux.

Du moins que l'on me dise pourquoi il est
permis à nos Héros & à nos Héroïnes de Theatre de se tuer, & qu'il leur est défendu de tuer
per-

personne ? La Scène est-elle moins enfanglan-
tée par la mort d'Atalide qui se poignarde pour
son Amant, qu'elle ne le seroit par le meurtre
de César ? Et si le spectacle du fils de Caton
qui paroît mort aux yeux de son pere, est l'oc-
casion d'un discours admirable de ce vieux Rô-
main, si ce morceau a été applaudi en Angleterre & en Italie par ceux qui sont les plus
grands partisans de la bienséance Françoise, si
les femmes les plus délicates n'en ont point été
choquées, pourquoi les François ne s'y accou-
tumeroient-ils pas? La nature n'est-elle pas la
même dans tous les hommes?

Bien-
séances
& unitez.
    Toutes ces loix de ne point enfanglanter la
Scène, de ne point faire parler plus de trois In-
terlocuteurs, &c. sont des loix qui, ce me semble, pourroient avoir quelques exceptions parmi nous, comme elles en ont eu chez les
Grecs ; il n'en est pas des règles de la bienséance toujours un peu arbitraire, comme des
règles fondamentales du Théatre qui sont les
trois unitez. Il y auroit de la foiblesse & de la
stérilité à étendre une action au-delà de l'espace
du tems & du lieu convenables. Demandez à
quiconque aura inféré dans une Pièce trop d'é-
vénemens, la raison de cette faute : s'il est de
bonne foi, il vous dira qu'il n'a pas eu assez
de génie pour remplir sa Pièce d'un seul fait,
& s'il prend deux jours & deux villes pour son
action, croyez que c'est parce qu'il n'auroit pas
eu l'adresse de la resserrer dans l'espace de trois
heures, & dans l'enceinte d'un Palais, comme
l'éxige la vraisemblance. Il

Il en est tout autrement de celui qui hazarderoit un spectacle horrible sur le Theatre; il ne choqueroit point la vraisemblance, & cette hardiesse loin de supposer de la foiblesse dans l'Auteur, demanderoit au contraire un grand génie, pour mettre par ses vers de la véritable grandeur dans une action qui sans un stile sublime, ne seroit qu'atroce & dégoûtante.

Voilà ce qu'a osé tenter une fois notre Grand Corneille dans sa Rodogune. Il fait paroître une mere qui en présence de sa Cour & d'un Ambassadeur, veut empoisonner son fils & sa belle-fille après avoir tué son autre fils de sa propre main; elle leur présente la coupe empoisonnée, & sur leur refus & leurs soupçons, elle la boit elle-même, & meurt du poison qu'elle leur destinoit. *Cinquiéme Acte de Rodogune.*

Des coups aussi terribles ne doivent pas être prodiguez, & il n'appartient pas à tout le monde d'oser les frapper. Ces nouveautez demandent une grande circonspection, & une exécution de Maître. Les Anglois eux-mêmes avouent que Shakespear, par exemple, a été le seul parmi eux qui ait pû faire évoquer & parler des ombres avec succès:

Within that circle none durst move but he.

Plus une action théatrale est majestueuse ou effrayante, plus elle deviendroit insipide, si elle étoit souvent répétée; à peu près comme les détails de batailles, qui étant par eux-mêmes ce qu'il *Pompe & dignité du spectacle dans la Tragedie.*

B

qu'il y a de plus terrible, deviennent froids &
ennuyeux, à force de reparoître souvent dans
les Histoires.

La seule Pièce où M. Racine ait mis du
spectacle, c'est son chef-d'œuvre d'Athalie.
On y voit un enfant sur un Trône, sa nourrice
& des Prêtres qui l'environnent; une Reine qui
commande à ses Soldats de le massacrer, des
Levites armez qui accourent pour le défendre.
Toute cette action est pathétique; mais si le
stile ne l'étoit pas aussi, elle n'étoit que puérile.

Plus on veut frapper les yeux par un appareil éclatant, plus on s'impose la nécessité de
dire de grandes choses; autrement on ne seroit
qu'un décorateur, & non un Poëte Tragique.
Il y a près de trente années qu'on réprésenta la
Tragédie de Montesume à Paris, la Scène ou-
vroit par un spectacle nouveau; c'étoit un Palais d'un goût magnifique & barbare; Montesume paroissoit avec un habit singulier; des Es-
claves armez de fléches étoient dans le fond;
autour de lui étoient huit Grands de sa Cour,
prosternez le visage contre terre : Montesume
commençoit la Pièce en leur disant,

Levez-vous, votre Roi vous permet aujourd'hui
Et de l'envisager, & de parler à lui.

Ce spectacle charma, mais voilà tout ce qu'il
y eut de beau dans cette Tragédie.

Pour moi j'avoüe que ce n'a pas été sans
quelque

quelque crainte que j'ai introduit fur la Scène Françoife le Sénat de Rome en robbes rouges, allant aux Opinions. Je me fouvenois que lorfque j'introduifis autrefois dans OEdipe un Chœur de Thébains qui difoit,

O Mort, nous implorons ton funefte fecours.

O Mort, viens nous fauver, viens terminer nos jours.

Le Parterre au lieu d'être frappé du 'pathétique qui pouvoit être en cet endroit, ne fentit d'abord que le prétendu ridicule d'avoir mis ces vers dans la bouche d'Acteurs peu accoutumez, & il fit un éclat de rire. C'eft ce qui m'a empêché dans Brutus de faire parler les Sénateurs, quand Titus eft accufé devant eux, & d'augmenter la terreur de la fituation, en exprimant l'étonnement & la douleur de ces Péres de Rome, qui fans doute devroient marquer leur furprife autrement que par un jeu muet qui même n'a pas été exécuté.

Au refte, MYLORD, s'il y a quelques endroits paffables dans cet Ouvrage, il faut que j'avouë que j'en ai l'obligation à des Amis qui penfent comme vous. Ils m'encourageoient à temperer l'auftérité de Brutus par l'amour paternel, afin qu'on admirât & qu'on plaignît l'effort qu'il fe fait en condamnant fon fils. Ils m'exhortoient à donner à la jeune Tullie un caractere de tendreffe & d'innocence, parce que fi j'en avois fait une Héroïne altiere, qui n'eût parlé à Titus que comme à un Sujet qui devoit servir son Prince ; alors Titus auroit été avili, & l'Ambassadeur eût été inutile. Ils vouloient que Titus fût un jeune homme furieux dans ses passions, aimant Rome & son Pere, adorant Tullie, se faisant un devoir d'être fidèle au Sénat même dont il se plaignoit, & emporté loin de son devoir par une passion dont il avoit cru être le maître.

En effet, si Titus avoit été de l'avis de sa Maîtresse, & s'étoit dit à lui-même de bonnes raisons en faveur des Rois, Brutus alors n'eût été regardé que comme un Chef de Rebelles, Titus n'auroit plus eu de remords, son Pere n'eût plus excité la pitié.

Gardez, me disoient-ils, que les deux enfans de Brutus paroissent sur la Scène ; vous savez que l'intérêt est perdu quand il se partage ; mais surtout que vôtre Pièce soit simple ; imitez cette beauté des Grecs, croyez que la multiplicité des événemens & des intérêts compliquez, n'est que la ressource des génies stériles, qui ne savent pas tirer d'une seule passion de quoi faire cinq Actes. Tâchez de travailler chaque Scène comme si c'étoit la seule que vous eussiez à écrire. Ce sont les beautez de détail qui soutiennent les Ouvrages en vers, & qui les font passer à la postérité. C'est souvent la maniere singuliere de dire des choses communes, c'est cet Art d'embellir par la diction ce que pensent, & ce que sentent tous les hommes, qui fait les Grands Poëtes. Il n'y a ni sentimens recherchez, ni avanture Romanesque dans le
qua-

quatriéme Livre de Virgile; il eſt tout naturel, & c'eſt l'effort de l'eſprit humain. M. Racine n'eſt ſi au-deſſus des autres qui ont tous dit les mêmes choſes que lui, que parce qu'il les a mieux dites. Corneille n'eſt véritablement Grand, que quand il s'exprime auſſi-bien qu'il penſe. Souvenez-vous de ce précepte de M. Deſpreaux,

Et que tout ce qu'il dit facile à retenir,
De ſon Ouvrage en vous laiſſe un long ſouvenir.

Voilà ce que n'ont point tant d'Ouvrages Dramatiques, que l'Art d'un Acteur, & la figure & la voix d'une Actrice ont fait valoir ſur nos Théatres. Combien de Pièces mal écrites ont eû plus de repréſentations que Cinna & Britannicus; mais on n'a jamais retenu deux vers de ces foibles Poëmes, au lieu qu'on ſait Britannicus & Cinna par cœur. En vain le Regulus de Pradon a fait verſer des larmes par quelques ſituations touchantes, l'Ouvrage & tous ceux qui lui reſſemblent ſont mépriſez, tandis que leurs Auteurs s'applaudiſſent dans leurs Préfaces.

Il me ſemble, MYLORD, que vous m'allez demander comment des Critiques ſi judicieux ont pû me permettre de parler d'amour dans une Tragédie dont le titre eſt JUNIUS BRUTUS, & de mêler cette paſſion avec l'auſtère vertu du Sénat Romain, & la politique d'un Ambaſſadeur?

De l'amour.

B 3 On

On reproche à notre Nation d'avoir amolli le Théatre par trop de tendresse, & les Anglois méritent bien le même reproche depuis près d'un siécle; car vous avez toujours un peu pris nos modes & nos vices. Mais me permettrez-vous de vous dire mon sentiment sur cette matiere?

Vouloir de l'amour dans toutes les Tragédies me paroît un goût efféminé; l'en proscrire toujours est une mauvaise humeur bien déraisonnable.

Le Théatre soit Tragique, soit Comique, est la peinture vivante des passions humaines; l'ambition d'un Prince est représentée dans la Tragédie; la Comédie tourne en ridicule la vanité d'un Bourgeois. Ici vous riez de la coquetterie & des intrigues d'une Citoyenne; là vous pleurez la malheureuse passion de Phédre; de même l'amour vous amuse dans un Roman, & il vous transporte dans la Didon de Virgile.

L'amour dans une Tragédie n'est pas plus un défaut essentiel, que dans l'Enéide; il n'est à reprendre que quand il est amené mal à propos, ou traité sans art.

Les Grecs ont rarement hazardé cette passion sur le Théatre d'Athènes. Premiérement, parce que leurs Tragédies n'ayant roulé d'abord que sur des sujets terribles, l'esprit des Spectateurs étoit plié à ce genre de spectacles; secondement, parce que les femmes menoient une vie infiniment plus retirée que les nôtres, & qu'ainsi qu'ainfi le langage de l'amour n'étant pas comme aujourd'hui le fujet de toutes les converfations, les Poëtes en étoient moins invitez à traiter cette paffion, qui de toutes eft la plus difficile à repréfenter, par les ménagemens infinis qu'elle demande.

Une troifiéme raifon qui me paroit affez forte, c'eft que l'on n'avoit point de Comediennes; les rolles de femme étoient jouez par des hommes mafquez. Il femble que l'amour eût été ridicule dans leur bouche.

C'eft tout le contraire à Londres & à Paris, & il faut avouer que les Auteurs n'auroient guéres entendu leurs intérêts, ni connu leur auditoire, s'ils n'avoient jamais fait parler les Oldfields, ou les Duclos & les Lecouvreur, que d'ambition & de politique.

Le mal eft que l'amour n'eft fouvent chez nos Héros de Théatre que de la galanterie, & que chez les vôtres il dégenere quelquefois en débauche.

Dans notre Alcibiade, Pièce très-fuivie, mais foiblement écrite, & ainfi peu eftimée, on a admiré long-tems ces mauvais vers que récitoit d'un ton féduifant l'Efopus du dernier fiécle.

Ah! lorfque pénétré d'un amour véritable,

Et gémiffant aux pieds d'un objet adorable,

J'ai connu dans fes yeux timides ou diftraits

Que mes foins de fon cœur ont pû troubler la paix,

Que par l'aveu secret d'une ardeur mutuelle

La mienne a pris encore une force nouvelle.

Dans ces momens si doux j'ai cent fois éprouvé

Qu'un mortel peut gouter un bonheur achevé.

Dans votre Venise sauvée, le vieux Renaud veut violer la femme de Jaffier, & elle s'en plaint en termes assez indécens, jusqu'à dire qu'il est venu à elle *un button d.*

Pour que l'amour soit digne du Théatre Tragique, il faut qu'il soit le nœud nécessaire de la Pièce, & non qu'il soit amené par force pour remplir le vuide de vos Tragédies & des nôtres qui sont toutes trop longues; il faut que ce soit une passion véritablement Tragique, regardée comme une foiblesse, & combattuë par des remords : Il faut ou que l'amour conduise aux malheurs & aux crimes, pour faire voir combien il est dangereux, ou que la vertu en triomphe, pour montrer qu'elle n'est pas invincible; sans cela ce n'est plus qu'un amour d'E-glogue ou de Comédie.

C'est à vous, MYLORD, à décider si j'ai rempli quelques-unes de ces conditions; mais que vos Amis daignent surtout ne point juger du génie & du goût de notre Nation par ce Discours, & par cette Tragédie que je vous envoye. Je suis peut-être un de ceux qui cultivent les Lettres en France avec moins de succès; & si les sentimens que je soumets ici à votre censure, sont désapprouvez, c'est à moi seul qu'en appartient le blâme.

Au

Au reſte, je dois vous dire que dans le grand nombre de fautes dont cette Tragédie eſt pleine, il y en a quelques-unes contre l'exacte pureté de nôtre Langue. Je ne ſuis point un Auteur aſſez conſidérable pour qu'il me ſoit permis de paſſer quelquefois pardeſſus les règles féveres de la Grammaire.

Il y a un endroit où Tullie dit,

Rome & moi dans un jour ont vû changer leur ſort.

Il falloit dire pour parler purement,

* Rome & moi dans un jour avons changé de ſort.

J'ai fait la même faute en deux ou trois endroits, & c'eſt beaucoup trop dans un Ouvrage dont les défauts ſont rachetez par ſi peu de beautez.

---

* C'eſt ainſi qu'on lit ce Vers dans cette Edition, revuë & corrigée par l'Auteur.

A C.

ACTEURS.

JUNIUS BRUTUS, ⎫
VALERIUS PUBLICOLA, ⎬ Confuls.

TITUS, fils de Brutus.

TULLIE, fille de Tarquin.

ALCINE, Confidente de Tullie.

ARONS, Ambaffadeur de Porfenna.

MESSALA, Ami de Titus.

PROCULUS, Tribun Militaire.

ALBIN, Confident d'Arons.

SENATEURS.

LICTEURS.

BRUTUS

BRUTUS TRAGEDIE.

F.M.L.f.

BRUTUS.

ACTE PREMIER.

SCENE I.

Le Théatre repréfente une partie de la Maifon des Confuls fur le Mont Tarpeïen ; le Temple du Capitole fe voit dans le fond. Les Sénateurs font affemblés entre le Temple & la Maifon, devant l'Autel de Mars. Brutus & Valerius Publicola, Confuls, préfident à cette Affemblée ; les Sénateurs font rangés en demi cercle. Des Licteurs avec leurs faifteaux font debout derriere les Sénateurs.

BRUTUS.

Eftructeurs des Tyrans, vous qui n'avez pour Rois

Que les Dieux de Numa, vos Vertus,
& nos Loix ;

Enfin notre Ennemi commence à nous connoître.

Ce fuperbe Tofcan, qui ne parloit qu'en maître,

Por-

Porſenna, de Tarquin, ce formidable appui,
Ce Tyran, Protecteur d'un Tyran comme lui,
Qui couvre, de ſon camp, les rivages du Tibre;
Reſpecte le Senat, & craint un Peuple libre:
Aujourd'hui devant vous, abaiſſant ſa hauteur,
Il demande à traiter par un Ambaſſadeur;
Arons qu'il nous députe, en ce moment s'avance;
Aux Senateurs de Rome il demande audience;
Il attend dans ce Temple: & c'eſt à vous de voir
S'il le faut refuſer, s'il le faut recevoir.

VALERIUS PUBLICOLA.

Quoiqu'il vienne annoncer, quoiqu'on puiſſe en atten-
    dre;
Il le faut à ſon Roi renvoyer, ſans l'entendre;
Tel eſt mon ſentiment. Rome ne traite plus
Avec ſes Ennemis, que quand ils ſont vaincus.
Votre Fils, il eſt vrai, vangeur de ſa Patrie,
A deux fois repouſſé le Tyran d'Etrurie;
Je ſai tout ce qu'on doit à ſes vaillantes mains;
Je ſai qu'à votre exemple il ſauva les Romains;
Mais ce n'eſt point aſſez. Rome, aſſiegée encore,
Voit dans les champs voiſins ces Tyrans qu'elle abhor-
Que Tarquin ſatisfaſſe aux ordres du Sénat,   (re.
Exilé par nos Loix, qu'il ſorte de l'Etat,

De

De son coupable aspect qu'il purge nos Frontiéres :
Et nous pourrons ensuite écouter ses priéres.
Ce nom d'Ambassadeur a paru vous frapper ;
Tarquin n'a pû nous vaincre, il cherche à nous tromper.
L'Ambassadeur d'un Roi m'est toujours redoutable,
Ce n'est qu'un ennemi, sous un titre honorable,
Qui vient, rempli d'orgueil, ou de dexterité,
Insulter ou trahir, avec impunité.
Rome ! n'écoute point leur séduisant langage ;
Tout art t'est étranger, combattre est ton partage ;
Confonds tes ennemis, de ta gloire irrités ;
Tombe, ou puni les Rois ; ce sont-là tes traités.

B R U T U S.

Rome sait à quel point sa liberté m'est chére,
Mais, plein du même esprit, mon sentiment différe ;
Je vois cette Ambassade, au nom des Souverains,
Comme un premier hommage aux Citoyens Romains ;
Accoutumons des Rois la fierté despotique,
A traiter en égale avec la République,
Attendant que du Ciel remplissant les décrets,
Quelque jour avec elle ils traitent en sujets.
Arons vient voir ici Rome, encor chancelante,
Découvrir les ressorts de sa grandeur naissante.
Epier son génie, observer son pouvoir ;
Romains, c'est pour cela qu'il le faut recevoir.

L'enne-

L'ennemi du Sénat connoîtra qui nous fommes ;
Et l'efclave d'un Roi va voir enfin des hommes.

Que dans Rome à loifir il porte fes regards ;
Il la verra dans vous, vous êtes fes remparts.

Qu'il revere en ces lieux le Dieu qui nous raffemble,
Qu'il paroiffe au Sénat, qu'il l'écoute, & qu'il tremble.

Les Sénateurs fe levent, & s'approchent un moment,
pour donner leurs voix.

VALERIUS PUBLICOLA.

Je vois tout le Sénat paffer à votre avis.

Rome & vous, l'ordonnez. A regret j'y foufcris ;
Licteurs, qu'on l'introduife ; & puiffe fa préfence
N'apporter en ces lieux rien dont Rome s'offenfe.

A Brutus.

C'eft fur vous feul ici que nos yeux font ouverts ;
C'eft vous qui le premier avez rompu nos fers ;
De notre liberté foûtenez la querelle ;
Brutus en eft le pere, & doit parler pour elle.

SCENE

SCENE II.

LE SENAT, ARONS, ALBIN, SUITE.

Arons entre par le côté du Théatre, précedé de deux Licteurs, & d'Albin son Confident, il passe devant les Consuls & le Sénat, qu'il salue, & il va s'asseoir sur un siege préparé pour lui sur le devant du Théatre.

A R O N S.

COnsuls, & vous Sénat, qu'il m'est doux d'être
      admis
Dans ce Conseil sacré de sages Ennemis!
De voir tous ces Héros, dont l'équité sévère
N'eut jusques aujourd'hui qu'un réproche à se faire;
Témoin de leurs exploits, d'admirer leurs vertus,
D'écouter Rome enfin, par la voix de Brutus;
Loin des cris de ce peuple indocile & barbare,
Que la fureur conduit, réünit & sépare,
Aveugle dans sa haine, aveugle en son amour,
Qui ménace & qui craint, regne & sert en un jour;
Dont l'audace............

B R U T U S.

    Arrêtez, sachez qu'il faut qu'on nomme
Avec plus de respect les Citoyens de Rome;
La gloire du Sénat est de représenter

               Ce

Ce Peuple vertueux, que l'on ose insulter.
Quittez l'art avec nous, quittez la flatterie ;
Ce poison qu'on prépare à la Cour d'Etrurie,
N'est point encor connu dans le Sénat Romain.
Poursuivez.

ARONS.

Moins piqué d'un discours si hautain,
Que touché des malheurs où cet Etat s'expose,
Comme un de ses enfans j'embrasse ici sa cause.
Vous voyez quel orage éclate autour de vous ;
C'est en vain que Titus en détourna les coups ;
Je vois avec regret, sa valeur & son zèle
N'assûrer aux Romains qu'une chute plus belle :
Sa victoire affoiblit vos remparts désolés.
Du sang qui les inonde ils semblent ébranlés.
Ah ! ne réfusez plus une paix nécessaire.
Si du Peuple Romain le Sénat est le pere,
Porsenna l'est des Rois que vous persécutez.
Mais vous, du nom Romain vangeurs si redoutés,
Vous des droits des mortels éclairés interprêtes,
Vous qui jugez les Rois, regardez où vous êtes ;
Voici ce Capitole, & ces mêmes Autels,
Où jadis, attestant tous les Dieux immortels,
J'ai vû chacun de vous, brûlant d'un autre zèle,
A Tarquin votre Roi, jurer d'être fidèle,

Quels

Quels Dieux ont donc changé les droits des Souve-
rains ?
Quel pouvoir a rompu des nœuds jadis si saints ?
Qui du front de Tarquin ravit le diadême ?
Qui peut de vos sermens vous dégager ?

BRUTUS.

Lui même.

N'alleguez point ces nœuds que le crime a rompus,
Ces Dieux qu'il outragea, ces droits qu'il a perdus ;
Nous avons fait, Arons, en lui rendant hommage,
Serment d'obéïssance, & non point d'esclavage.
Et puisqu'il vous souvient d'avoir vû dans ces lieux
Le Sénat à ses pieds, faisant pour lui des vœux ;
Songez qu'en ce lieu même, à cet Autel auguste,
Devant ces mêmes Dieux, il jura d'être juste,
De son Peuple & de lui tel étoit le lien ;
Il nous rend nos sermens, lorsqu'il trahit le sien,
Et dès qu'aux Loix de Rome il ose être infidèle.
Rome n'est plus sujette, & lui seul est rebelle.

ARONS.

Ah ! quand il seroit vrai que l'absolu pouvoir
Eût entraîné Tarquin par-de-là son devoir,
Qu'il en eût trop suivi l'amorce enchanteresse :

C

Quel

Quel homme eſt ſans erreur ? & quel Roi ſans foibleſſe?

Eſt-ce à vous de prétendre au droit de le punir ?

Vous nez tous ſes Sujets, vous faits pour obéir!

Un fils ne s'arme point contre un coupable pere;

Il détourne les yeux, le plaint, & le révere.

Les droits des Souverains, ſont-ils moins précieux ?

Nous ſommes leurs enfans, leurs Juges ſont les Dieux.

Si le Ciel quelquefois les donne en ſa colère,

N'allez pas mériter un preſent plus ſévère,

Trahir toutes les Loix, en voulant les vanger,

Et renverſer l'Etat, au lieu de le changer.

Inſtruit par le malheur (ce grand Maître de l'homme)

Tarquin ſera plus juſte, & plus digne de Rome.

Vous pouvez raffermir par un accord heureux,

Des Peuples & des Rois les légitimes nœuds,

Et faire encor fleurir la liberté publique,

Sous l'ombrage ſacré du pouvoir monarchique.

B R U T U S.

Arons, il n'eſt plus temps; chaque Etat a ſes Loix,

Qu'il tient de ſa nature, ou qu'il change à ſon choix;

Eſclaves de leurs Rois, & même de leurs Prêtres,

Les Toſçans ſemblent nez pour ſervir ſous des Maîtres;

Et de leur chaîne antique adorateurs heureux,

Voudroient que l'Univers fût eſclave comme eux.

La

La Grece entiere eſt libre ; & la molle Ionie

Sous un joug odieux languit aſſujettie.

Rome eut ſes Souverains , mais jamais abſolus.

Son premier citoyen fut le grand Romulus ;

Nous partagions le poids de ſa grandeur ſuprême ;

Numa, qui fit nos Loix ; y fut ſoûmis lui-même ;

Rome enfin , je l'avouë , a fait un mauvais choix :

Chez les Toſcans , chez vous , elle a choiſi ſes Rois ;

Ils nous ont apporté du fond de l'Etrurie

Les vices de leur Cour , avec la tyrannie.

> *Il ſe leve ;*

Pardonnez-nous , grands Dieux ! ſi le Peuple Romain

A tardé ſi long-temps à condamner Tarquin.

Le ſang qui regorgea ſous ſes mains meurtrieres ,

De notre obéïſſance a rompu les barrieres.

Sous un Sceptre de fer tout ce Peuple abbatu ,

A force de malheurs a repris ſa vertu ;

Tarquin nous a remis dans nos droits légitimes ;

Le bien public eſt né de l'excès de ſes crimes :

Et nous donnons l'exemple à ces mêmes Toſcans ,

S'ils pouvoient , à leur tour , être las des Tyrans.

> *Les Conſuls deſcendent vers l'Autèl ; & le Sénat ſe*
> *leve.*

O Mars ! Dieu des Héros , de Rome , & des batailles ,

Qui combats avec nous, qui défends ces murailles!
Sur ton Autel sacré, Mars, reçoi nos sermens,
Pour ce Sénat, pour moi, pour tes dignes enfans!
Si dans le sein de Rome il se trouvoit un traître,
Qui regrettât les Rois, & qui voulût un maître,
Que le perfide meure au milieu des tourments:
Que sa cendre coupable, abandonnée aux vents,
Ne laisse ici qu'un nom, plus odieux encore
Que le nom des Tyrans, que Rome entiere abhorre.

A R O N S,

avançant vers l'Autel.

Et moi, sur cet Autel qu'ainsi vous profanez,
Je jure au nom du Roi que vous abandonnez,
Au nom de Porsenna, vangeur de sa querelle,
A vous, à vos enfans, une guerre immortelle.

Les Senateurs font un pas vers le Capitole.

Senateurs, arrêtez, ne vous séparez pas;
Je ne me suis pas plaint de tous vos attentats;
La Fille de Tarquin, dans vos mains demeurée,
Est-elle une victime, à Rome consacrée?
Et donnez-vous des fers à ses royales mains,
Pour mieux braver son pere, & tous les Souverains?
Que dis-je! tous ces biens, ces trésors, ces richesses,

Que

Que des Tarquins dans Rome épuiſoient les largeſſes,
Sont ils votre conquête, ou vous ſont-ils donnez?
Eſt-ce pour les ravir que vous le détrônez?
Sénat, ſi vous l'oſez, que Brutus les dénie.

BRUTUS, ſe tournant vers ARONS.

Vous connoiſſez bien mal, & Rome, & ſon génie.
Ces Peres des Romains, vangeurs de l'équité,
Ont blanchi dans la pourpre, & dans la pauvreté.
Au-deſſus des tréſors, que ſans peine ils vous cédent;
Leur gloire eſt de dompter les Rois qui les poſſédent.
Prenez cet Or, Arons, il eſt vil à nos yeux.
Quant au malheureux Sang d'un Tyran odieux,
Malgré la juſte horreur que j'ai pour ſa Famille,
Le Sénat à mes ſoins a confié ſa fille.
Elle n'a point ici de ces reſpects flatteurs,
Qui des enfans des Rois empoiſonnent les cœurs;
Elle n'a point trouvé la pompe & la molleſſe,
Dont la Cour des Tarquins enivra ſa jeuneſſe.
Mais je ſai ce qu'on doit de bontez & d'honneur,
A ſon ſexe, à ſon âge, & ſur tout au malheur.
Dès ce jour en ſon camp que Tarquin la revoye,
Mon cœur même en conçoit une ſecrette joye.
Qu'aux Tyrans déſormais rien ne reſte en ces lieux,
Que la haine de Rome, & le courroux des Dieux.

C 3　　　　　　Pour

Pour emporter au camp l'Or qu'il faut y conduire,
Rome vous donne un jour ; ce tems doit vous fuffire;
Ma maifon cependant eft votre fûreté :
Jouïffez-y des droits de l'hofpitalité.
Voilà ce que par moi le Sénat vous annonce.
Ce foir à Porfenna reportez ma réponfe.
Reportez-lui la guerre : & dites à Tarquin
Ce que vous avez vû, dans le Sénat Romain.

Aux Sénateurs.

Et nous du Capitole, allons orner le faîte
Des lauriers, dont mon fils vient de ceindre fa tête;
Sufpendons ces drapeaux, & ces dards tout fanglans,
Que fes heureufes mains ont ravis aux Tofcans.
Ainfi puiffe toujours, plein du même courage,
Mon fang digne de vous, vous fervir d'âge en âge.
Dieux, protegez ainfi contre nos Ennemis
Le Confulat du Pere, & les armes du Fils !

SCENE

SCENE III.

ARONS, ALBIN,

*Qui sont supposez être entrés de la salle d'Audience
dans un autre appartement de la maison de Brutus.*

ARONS.

AS-tu bien remarqué cet orgueil inflexible,
Cet esprit d'un Sénat, qui se croit invincible?
Il le seroit, Albin, si Rome avoit le temps
D'affermir cette audace au cœur de ses enfans;
Croi-moi, la liberté que tout mortel adore,
Que je veux leur ôter, mais que j'admire encore,
Donne à l'homme un courage, inspire une grandeur,
Qu'il n'eût jamais trouvés dans le fond de son cœur.
Sous le joug des Tarquins, la Cour & l'esclavage
Amollissoit leurs mœurs, énervoit leur courage;
Leurs Rois trop occupés à dompter leurs Sujets,
De nos heureux Toscans, ne troubloient point la paix.
Mais si ce fier Sénat réveille leur génie,
Si Rome est libre, Albin, c'est fait de l'Italie.
Ces Lions, que leur Maître avoit rendus plus doux,
Vont reprendre leur rage, & s'élancer sur nous.
Etouffons dans leur sang la sémence féconde,

Des

Des maux de l'Italie, & des troubles du monde :
Affranchiſſons la terre, & donnons aux Romains
Ces fers qu'ils deſtinoient au reſte des humains.
Meſſala viendra-t il ? pourrai-je ici l'entendre ?
Oſera-t-il . . . . .

ALBIN.

Seigneur, il doit ici ſe rendre ;
A toute heure il y vient. Titus eſt ſon appui.

ARONS.

As-tu pu lui parler ? puis-je compter ſur lui ?

ALBIN,

Seigneur, ou je me trompe ; ou Meſſala conſpire,
Pour changer ſes deſtins plus que ceux de l'Empire.
Il eſt ferme, intrépide, autant que ſi l'honneur
Ou l'amour du païs excitoient ſa valeur ;
Maître de ſon ſecret, & maître de lui-même ;
Impénétrable, & calme, en ſa fureur extrême.

ARONS.

Tel autrefois dans Rome il parut à mes yeux,
Lorsque Tarquin, régnant, me reçut dans ces lieux.
Et ſes Lettres depuis, ... mais je le vois paroître.

SCENE

SCENE IV.

ARONS, MESSALA, ALBIN.

ARONS.

GEnéreux Meffala, l'appui de votre maître,
Eh bien, l'Or de Tarquin, les préfens de mon Roi
Des Sénateurs Romains, n'ont pu tenter la foi!
Les plaifirs d'une Cour, l'efpérance, la crainte,
A ces cœurs endurcis, n'ont pu porter d'atteinte!
Ces fiers Patriciens, font ils autant de Dieux
Jugeant tous les mortels, & ne craignant rien d'eux?
Sont-ils fans paffion, fans interêt, fans vice?

MESSALA.

Ils ofent s'en vanter; mais leur feinte juftice,
Leur âpre auftérité, que rien ne peut gagner,
N'eft dans ces cœurs hautains que la foif de regner;
Leur orgueil foule aux pieds l'orgueil du Diadême;
Ils ont brifé le joug, pour l'impofer eux-même;
De notre liberté ces illuftres vangeurs,
Armés pour la défendre, en font les oppreffeurs;
Sous les noms féduifants, de Patrons, & de Peres,
Ils affectent des Rois les démarches altieres;

C 5

Rome

Rome a changé de fers, & fous le joug des Grands,
Pour un Roi qu'elle avoit, a trouvé cent Tyrans.

A R O N S.

Parmi vos Citoyens, en eft-il d'affez fage,
Pour détefter tout bas cet indigne efclavage?

M E S S A L A.

Peu fentent leur état, leurs efprits égarés,
De ce grand changement font encore enyvrés;
Le plus vil Citoyen, dans fa baffeffe extrême,
Ayant chaffé les Rois, penfe être Roi lui-même.
Mais je vous l'ai mandé, Seigneur, j'ai des amis,
Qui fous ce joug nouveau font à regret foumis,
Qui dédaignant l'erreur des Peuples imbéciles,
Dans ce torrent fougueux reftent feuls immobiles,
Des mortels éprouvés, dont la tête & le bras
Sont faits pour ébranler, ou changer les Etats.

A R O N S.

De ces braves Romains, que faut-il que j'efpere?
Serviront-ils leur Prince?

M E S S A L A.

Ils font prêts à tout faire;
Tout leur fang eft à vous; mais ne prétendez pas
Qu'en

Qu'en aveugles Sujets ils fervent des ingrats.

Ils ne fe piquent point, du devoir fanatique,

De fervir de victime au pouvoir defpotique,

Ni du zèle infenfé de courir au trépas,

Pour vanger un Tyran qui ne les connoît pas.

Tarquin promet beaucoup ; mais devenu leur maître

Il les oublîra tous, ou les craindra peut-être.

Je connois trop les Grands ; dans le malheur amis,

Ingrats dans la fortune, & bien-tôt ennemis :

Nous fommes de leur gloire un inftrument fervile,

Rejetté par dedain, dès qu'il eft inutile,

Et brifé fans pitié, s'il devient dangereux.

A des conditions on peut compter fur eux ;

Ils demandent un Chef, digne de leur courage,

Dont le nom feul impofe à ce Peuple volage.

Un Chef affez puiffant, pour obliger le Roi,

Même après le fuccès, à nous tenir fa foi ;

Ou fi de nos deffeins la trame eft découverte,

Un Chef affez hardi pour vanger notre perte.

A R O N S.

Mais vous m'aviez écrit que l'orgueilleux Titus....

M E S S A L A.

Il eft l'apui de Rome, il eft fils de Brutus ;

Cepen-

Cependant . . . .

A R O N S.

De quel œil voit-il les injuſtices,
Dont ce Sénat ſuperbe a payé ſes ſervices?
Lui ſeul a ſauvé Rome; & toute ſa valeur
En vain du Conſulat lui mérita l'honneur;
Je ſai qu'on le refuſe.

M E S S A L A.

Et je ſai qu'il murmure;
Son cœur altier & prompt eſt plein de cette injure;
Pour toute récompenſe il n'obtient qu'un vain bruit,
Qu'un triomphe frivole, un éclat qui s'enfuit.
J'obſerve d'aſſez près ſon ame impérieuſe,
Et de ſon fier courroux la fougue impétueuſe;
Dans le Champ de la Gloire il ne fait que d'entrer;
Il y marche en aveugle, on l'y peut égarer;
La bouillante jeuneſſe eſt facile à ſéduire.
Mais que de Préjugez nous aurions à détruire!
Rome, un Conſul, un pere, & la haine des Rois,
Et l'horreur de la honte, & ſur tout ſes exploits.
Connoiſſez donc Titus, voyez toute ſon ame,
Le courroux qui l'aigrit, le poiſon qui l'enflâme;
Il brûle pour Tullie;

A R O N S.

A R O N S.

Il l'aimeroit?

M E S S A L A.

Seigneur,

À peine ai-je arraché ce fecret de fon cœur,
Il en rougit lui-même : & cette ame inflexible
N'ofe avouër qu'elle aime, & craint d'être fenfible ;
Parmi les paffions dont il eft agité,
Sa plus grande fureur eft pour la liberté.

A R O N S.

C'eft donc des fentimens & du cœur d'un feul homme
Qu'aujourd'hui, malgré moi, dépend le fort de Rome!

A Albin.

Ne nous rebutons pas. Préparez-vous, Albin,
A vous rendre fur l'heure aux tentes de Tarquin.

A Meffala.

Entrons chez la Princeffe ; un peu d'experience
M'a pu du cœur humain donner quelque fcience ;
Je lirai dans fon ame : & peut être fes mains
Vont former l'heureux piége, où j'attens les Romains.

Fin du premier Acte.

A C T E

ACTE SECOND.

SCENE I.

Le Théatre repréſente, ou eſt ſuppoſé repréſenter un Appartement du Palais des Conſuls.

TULLIE, ALGINE.

ALGINE.

OUi, vous allez regner ; le deſtin moins ſevere
Vous rend tout ce qu'il ôte à Tarquin votre pere;
Un hymen glorieux va ranger ſous vos loix
Un Peuple obéïſſant, & fidèle à ſes Rois.
Un grand Roi vous attend; l'heureuſe Ligurie
Va vous faire oublier cette ingrate Patrie.

   Cependant votre cœur ouvert aux déplaiſirs,
Dans ſes proſpérités s'abandonne aux ſoupirs ;
Vous accuſez les Dieux qui pour vous s'attendriſſent
Vos yeux ſemblent éteints des pleurs qui les rempliſ-
      ſent.
Ah! ſi mon amitié, partageant vos malheurs,
N'a connu de tourmens, que vos ſeules douleurs ;
Si vous m'aimez, parlez ; quel chagrin vous dévore?
                 Pour-

Pourriez-vous en partant regretter Rome encore?

TULLIE.

Rome? féjour fanglant de carnage & d'horreur!
Rome? tombeau du Trône & de tout mon bonheur!
Lieux où je fuis encore aux fers abandonnée!
Demeure trop funefte au fang dont je fuis née!
Rome? pourquoi faut-il qu'en cet affreux féjour
Un Héros vertueux, Titus ait vû le jour?

ALGINE.

Quoi! de Titus encor l'ame préoccupée,
Vous en gémifliez feule, & vous m'aviez trompée?
Quoi! vous qui vous vantiez de ne voir en Titus
Que l'ennemi des Rois, que le fils de Brutus;
Qu'un deftructeur du Trône, armé pour fa ruine;
Vous qui le haïffiez. . . .

TULLIE.

        Je le croïois, Algine.
Honteufe de moi-même, & de ma folle ardeur,
Je cherchois à douter du crime de mon cœur.
Avec toi renfermée, & fuïant tout le monde,
Me livrant dans tes bras à ma douleur profonde,
Hélas! je me flattois de pleurer avec toi,
Et la mort de mon frere, & les malheurs du Roi.

Ma douleur quelquefois me sembloit vertueuse;
Je détournois les yeux de sa source honteuse;
Je me trompois; pardonne, il faut tout avoüer.
Ces pleurs que tant de fois tu daignas essuyer,
Que d'un frere au tombeau me demandoit la cendre,
L'amour les arracha; Titus les fit répandre.
Je sens trop à son nom d'où partoient mes ennuis;
Je sens combien je l'aime, alors que je le fuis;
Cet ordre, cet hymen, ce départ qui me tuë,
M'arrachent le bandeau, qui me couvroit la vûë;
Tu vois mon ame entiere, & toutes ses erreurs.

ALGINE.

Fuyez donc à jamais ces fiers Usurpateurs;
Pour le sang des Tarquins Rome est trop redoutable.

TULLIE.

Hélas! quand je l'aimai, je n'étois point coupable,
C'est toi seule, c'est toi, qui vantant ses vertus
Me découvris mes feux, à moi-même inconnus.
Je ne t'accuse point du malheur de ma vie;
Mais lorsque dans ces lieux la paix me fut ravie;
Pourquoi démêlois-tu ce timide embarras,
D'un cœur né pour aimer, qui ne le savoit pas?
Tu me peignois Titus, à la Cour de mon pere

Entraî-

Entraînant tous les cœurs empreſſés à lui plaire ;

Digne du ſang des Rois, qui coule avec le ſien ;

Digne du choix d'un pere, & plus encor du mien.

Hélas ! en t'écoutant ma timide innocence

S'enivra du poiſon d'une vaine eſpérance.

Tout m'aveugla. Je crus découvrir dans ſes yeux,

D'un feu qu'il me cachoit l'aveu reſpectueux ;

J'étois jeune, j'aimois, je croïois être aimée.

Chere & fatale erreur qui m'avez trop charmée !

O douleur ! ô revers plus affreux que la mort !

Rome & moi dans un jour avons changé de ſort.

Le fier Brutus arrive ; il parle, on ſe ſouleve ;

Sur le Trône détruit, la liberté s'éleve ;

Mon Palais tombe en cendre, & les Rois ſont proſcrits.

Tarquin fuit ſes Sujets, ſes Dieux, & ſon Païs ;

Il fuit, il m'abandonne, il me laiſſe en partage,

Dans ces lieux déſolés, la honte, l'eſclavage,

La haine qu'on lui porte ; &, pour dire encor plus,

Le poids humiliant des bienfaits de Brutus ;

La guerre ſe déclare, & Rome eſt aſſiégée ;

Rome, tu ſuccombois, j'allois être vangée ;

Titus, le ſeul Titus, arrête tes deſtins !

Je vois tes murs tremblans, ſoutenus par ſes mains ;

Il combat, il triomphe ; ô mortelles allarmes !

Titus

Titus eſt en tout temps la ſource de mes larmes.

Entens-tu tous ces cris ? vois-tu tous ces honneurs
Que ce Peuple décerne à ſes Triomphateurs ?
Ces aigles à Tarquin par Titus arrachées,
Ces dépouilles des Rois à ce Temple attachées,
Ces lambeaux précieux d'étendarts tout ſanglans,
Ces couronnes, ces chars, ces feſtons, cet encens,
Tout annonce en ces lieux ſa gloire & mon outrage.
Mon cœur, mon lâche cœur l'en chérit davantage.
Par ces triſtes combats, gagnés contre ſon Roi,
Je vois ce qu'il eût fait, s'il combattoit pour moi ;
Sa valeur m'éblouït, cet éclat qui m'impoſe,
Me laiſſe voir ſa gloire, & m'en cache la cauſe.

A L G I N E.

L'abſence, la raiſon, ce Trône où vous montez,
Rendront un heureux calme à vos ſens agitez ;
Vous vaincrez votre amour, & quoiqu'il vous en coute,
Vous ſaurez . . .

T U L L I E.

Oui, mon cœur le haïra ſans doute.
Ce fier Républicain, tout plein de ſes exploits,
Voit d'un œil de courroux la fille de ſes Rois ;
Ce jour, tu t'en ſouviens, plein d'horreur & de gloire,
Ce jour que ſignala ſa prémiere victoire ;

Quand

Quand Brutus enchanté le reçut dans ces lieux,
Du sang de mon parti tout couvert à mes yeux ;
Incertaine, tremblante, & démentant ma bouche,
J'interdis ma présence à ce Romain farouche.
Quel penchant le cruel sentoit à m'obéir !
Combien depuis ce temps il se plaît à me fuir ?
Il me laisse à mon trouble, à ma foiblesse extrême,
A mes douleurs.

ALGINE.

On vient. Madame, c'est lui-même.

SCENE II.

TITUS. TULLIE. ALGINE.

TITUS, *au fond du Théâtre.*

Voyons-la, n'écoutons que mon seul désespoir.

TULLIE.

Dieux ! je ne puis le fuir, & tremble de le voir.

TITUS.

Mon abord vous surprend, Madame ; & ma présence
Est à vos yeux en pleurs, une nouvelle offense ;
Mon cœur s'étoit flatté de vous obéir mieux ;

D 2 Mais

Mais vous partez. Daignez recevoir les adieux
D'un Romain qui pour vous eût prodigué sa vie;
Qui ne vous préféra que sa seule Patrie;
Qui le feroit encor; mais qui dans ces combats,
Où l'amour du Païs précipita ses pas,
Ne chercha qu'à finir sa vie infortunée;
Puisqu'à vous offenser les Dieux l'ont condamnée.

T U L L I E.

Dans quel temps à mes yeux le cruel vient s'offrir!
Quoi vous! fils de Brutus, vous que je dois haïr?
Vous, l'auteur inhumain des malheurs de ma vie,
Vous opprimez mon pere, & vous plaignez Tullie?
Dans ce jour de triomphe, & parmi tant d'honneurs,
Venez-vous à mes yeux jouïr de mes douleurs?
Tant de gloire suffit. N'y joignez point mes larmes.

T I T U S.

Le Ciel a de ma gloire empoisonné les charmes.
Puisse ce Ciel pour vous plus juste desormais,
A vos malheurs passés égaler ses bienfaits!
Il vous devoit un Trône; allez regner, Madame,
Partagez d'un grand Roi la Couronne & la flâme;
Il sera trop heureux; il combattra pour vous;
Et c'est le seul des Rois dont mon cœur est jaloux,

Le

Le feul dans l'Univers, digne de mon envie.

TULLIE.

Calme ton trouble affreux, malheureufe Tullie ;
Sortons... où fuis-je ?

TITUS.

Hélas ! où vais-je m'emporter ?
Mon fort eft-il toujours de vous perfécuter ?
Eh bien ! voyez mon cœur ; & daignez me connoître.
Je fus votre ennemi, Madame, & j'ai du l'être ;
Mais pour vous en vanger, les deftins en courroux
M'avoient fait votre efclave, en m'armant contre vous;
Ce feu que je condamne, autant qu'il vous offenfe,
Né dans le defefpoir, nourri dans le filence,
Accru par votre haine, en ces derniers momens
Ne peut plus devant vous fe cacher plus long-temps;
Puniffez, confondez un aveu témeraire ;
Secondez mes remords, armez votre colere ;
Je n'attens, je ne veux ni pardon, ni pitié ;
Et ne mérite rien que votre inimitié.

TULLIE.

Quels maux tu m'as caufez, Brutus inéxorable !

TITUS.

Vangez-vous fur fon fils, il eſt le feul coupable.
Puniſſez fes exploits, fes feux, fes cruautez;
Il pourſuit votre Pere, il vous aime...

TULLIE.

Arrêtez;
Vous favez qui je fuis, & qu'un Romain peut-être
Devoit plus de refpect au fang qui m'a fait naître;
Mais je ne m'arme point contre un fils de Brutus,
Du vain orgueil d'un rang qu'il ne reconnoît plus.
Je fuis dans Rome encor, mais j'y fuis priſonniere;
Je porte ici le poids des malheurs de mon pere;
Mes maux font votre ouvrage: & j'ofe me flatter
Qu'un Héros tel que vous n'y veut point infulter,
Qu'il ne recherche point la criminelle gloire,
De tenter fur mon cœur une indigne victoire.
Mais fi pour comble enfin de mes deftins affreux
J'ai fur vous en effet ce pouvoir malheureux,
Si le cœur d'un Romain connoit l'obéiſſance,
Si je puis commander, évitez ma préfence;
Pour la derniere fois, ceſſez de m'accabler,
Et refpectez les pleurs que vos mains font couler.

SCE-

SCENE III.

TITUS *seul.*

Qu'ai-je dit ? que ferai-je ? & que viens-je d'en-
      tendre ?
Jufqu'où ma paffion m'a t-elle pû furprendre ?
Ah ! pourquoi faites-vous, deftin trop rigoureux,
Du jour de mon triomphe un jour fi malheureux ?

SCENE IV.

TITUS, MESSALA.

TITUS.

Meffala, c'eft à toi qu'il faut je confie
Le trouble, le fecret, le crime de ma vie ;
Les orages foudains de mon cœur agité.

MESSALA.

Quoi, Seigneur ! du Sénat l'injufte autorité . . .

TITUS.

L'amour, l'ambition, le Sénat, tout m'accable.

De

De ce Conseil de Rois l'orgueil insupportable
Méprise ma jeunesse, & me dispute un rang
Brigué par ma valeur, & payé par mon sang;
Au milieu du dépit, dont mon ame est saisie,
Je perds tout ce que j'aime, on m'enleve Tullie.
On te l'enleve? hélas! trop aveugle courroux,
Tu n'osois y prétendre, & ton cœur est jaloux.
Dieux! j'ai parlé; ce feu que j'avois sû contraindre,
S'irrite en s'échapant, & ne peut plus s'éteindre.
Hélas! c'en étoit fait; elle partoit; mon cœur
De sa funeste flamme alloit être vainqueur.
Je devenois Romain, je sortois d'esclavage;
Mais le Ciel a marqué ce terme à mon courage.
Quoi! le fils de Brutus, un Soldat, un Romain,
Aime, idolâtre ici la fille de Tarquin?
Coupable envers Tullie, envers Rome, & moi-même.
Ce Sénat que je hai, ce fier objet que j'aime,
Le dépit, la vangeance, & la honte, & l'amour,
De mes sens soulevés disposent tour à tour.

M E S S A L A.

Puis-je ici vous parler? mais avec confiance.

T I T U S.

TITUS.

Toujours de tes Conseils j'ai chéri la prudence.
Parle, fais-moi rougir de mes emportemens.

MESSALA.

J'approuve & votre amour, & vos ressentimens.
Quoi! faudra-t-il toujours que Titus autorise
Ce Sénat de Tyrans, dont l'orgueil nous maîtrise?
Non, s'il vous faut rougir, rougissez en ce jour,
De votre patience, & non de votre amour.
Quoi? pour prix de vos feux, & de tant de vaillance,
Citoyen sans pouvoir, Amant sans espérance,
Je vous verrois languir, victime de l'Etat,
Oublié de Tullie, & bravé du Sénat!
Ah! peut-être Seigneur, un cœur tel que le vôtre,
Auroit pû gagner l'une, & se vanger sur l'autre.

TITUS.

Dequoi viens-tu flatter mon esprit éperdu?
Moi, j'aurois pû fléchir, sa haine ou sa vertu?
Hélas! ne vois-tu pas les fatales barrieres,
Qu'élevent entre nous nos devoirs, & nos peres?
Vois-tu pas que sa haine égale mon amour?
Elle va donc partir!

MESSALA.

Oui, Seigneur, dès ce jour.

D 5   TI-

T I T U S.

Je n'en murmure point. Le Ciel lui rend juſtice,
Il la fit pour regner.

M E S S A L A.

Ah! ce Ciel plus propice
Lui deſtinoit peut-être un Empire plus doux.
Et ſans ce fier Sénat, ſans la guerre, ſans vous ....
Pardonnez; vous ſavez quel eſt ſon héritage;
Son frere ne vit plus; Rome étoit ſon partage.
Je m'emporte, Seigneur; mais ſi pour vous ſervir,
Si pour vous rendre heureux il ne faut que périr;
Si mon ſang ....

T I T U S.

Non , ami , mon devoir eſt le maître.
Non, croi-moi, l'homme eſt libre, au moment qu'il
veut l'être;
Je l'avoue, il eſt vrai, ce dangereux poiſon
A pour quelques momens égaré ma Raiſon;
Mais le cœur d'un Soldat ſait dompter la molleſſe,
Et l'amour n'eſt puiſſant que par notre foibleſſe.

M E S S A L A.

Vous voyez des Toſcans venir l'Ambaſſadeur;

Cet

Cet honneur qu'il vous rend ...

TITUS.

Ah! quel funefte honneur!
Que me veut-il ? c'eft lui qui m'enléve Tullie ;
C'eft lui qui met le comble au malheur de ma vie.

SCENE V.

TITUS. ARONS.

ARONS,

APrès avoir en vain, près de votre Sénat,
Tenté ce que j'ai pû pour fauver cet Etat,
Souffrez qu'à la vertu rendant un jufte hommage,
J'admire en liberté ce généreux courage,
Ce bras qui vange Rome, & foutient fon païs,
Au bord du précipice, où le Sénat l'a mis.
Ah! que vous étiez digne, & d'un prix plus augufte,
Et d'un autre Adverfaire, & d'un Parti plus jufte!
Et que ce grand courage , ailleurs mieux employé,
D'un plus digne falaire auroit été payé!
Il eft, il eft des Rois, j'ofe ici vous le dire,
Qui mettroient en vos mains le fort de leur Empire,

Sans

Sans craindre ces vertus qu'ils admirent en vous,
Dont j'ai vû Rome éprife, & le Sénat jaloux.
Je vous plains de fervir fous ce Maître farouche,
Que le mérite aigrit, qu'aucun bienfait ne touche,
Qui né pour obéir fe fait un lâche honneur
D'appefantir fa main fur fon libérateur ;
Lui, qui, s'il n'ufurpoit les droits de la Couronne,
Devroit prendre de vous les ordres qu'il vous donne.

T I T U S.

Je rends grace à vos foins, Seigneur, & mes foupçons
De vos bontez pour moi refpectent les raifons.
Je n'examine point fi votre politique
Penfe armer mes chagrins contre ma République,
Et porter mon dépit, avec un art fi doux,
Aux indifcrétions qui fuivent le courroux.
Perdez moins d'artifice à tromper ma franchife.
Ce cœur eft tout ouvert, & n'a rien qu'il déguife.
Outragé du Sénat, j'ai droit de le haïr ;
Je le hai, mais mon bras eft prêt à le fervir.
Quand la caufe commune au combat nous appelle,
Rome au cœur de fes fils éteint toute querelle.
Vainqueurs de nos débats nous marchons réünis,
Et nous ne connoiffons que vous pour ennemis ;

Voilà

Voilà ce que je suis, & ce que je veux être.

Soit grandeur, soit vertu, soit préjugé peut-être,

Né parmi les Romains, je périrai pour eux.

J'aime encor mieux, Seigneur, ce Sénat rigoureux,

Tout injuste pour moi, tout jaloux qu'il peut être,

Que l'éclat d'une Cour, & le Sceptre d'un Maître.

Je suis fils de Brutus, & je porte en mon cœur

La liberté gravée, & les Rois en horreur.

A R O N S.

Ne vous flattez-vous point d'un charme imaginaire?

Seigneur, ainsi qu'à vous la liberté m'est chere.

Quoique né sous un Roi, j'en goûte les appas;

Vous vous perdez pour elle, & n'en jouïssez pas.

Est-il donc entre nous rien de plus despotique

Que l'esprit d'un Etat qui passe en République?

Vos Loix font vos Tyrans; leur barbare rigueur

Devient sourde au mérite, au sang, à la faveur.

Le Sénat vous opprime, & le Peuple vous brave.

Il faut s'en faire craindre, ou ramper leur esclave.

Le Citoyen de Rome, insolent ou jaloux,

Ou hait vôtre grandeur, ou marche égal à vous.

Trop d'éclat l'éfarouche, il voit d'un œil sévere

Dans le bien qu'on lui fait, le mal qu'on lui peut faire;

Et d'un banniſſement le Décret odieux
Devient le prix du ſang qu'on a verſé pour eux.

Je ſai bien que la Cour, Seigneur, a ſes naufrages;
Mais ſes jours ſont plus beaux, ſon Ciel a moins
                    d'orages.
Souvent la liberté, dont on ſe vante ailleurs,
Etale auprès d'un Roi ſes dons les plus flatteurs;
Il récompenſe, il aime, il prévient les ſervices;
La gloire auprès de lui ne ſuit point les délices.
Aimé du Souverain, de ſes rayons couvert,
Vous ne ſervez qu'un Maître, & le reſte vous ſert;
Ebloüi d'un éclat, qu'il reſpecte & qu'il aime,
Le vulgaire applaudit juſqu'à nos fautes même;
Nous ne redoutons rien d'un Sénat trop jaloux,
Et les ſéveres Loix ſe taiſent devant nous;
Ah! que né pour la Cour, ainſi que pour les armes,
Des faveurs de Tarquin vous goûteriez les charmes!
Il me l'a dit cent fois; il vous aimoit, Seigneur;
Il auroit avec vous partagé ſa grandeur.
Du Sénat à vos pieds la fierté proſternée,
Auroit . . . . .

                T I T U S.

        J'ai vû ſa Cour, & je l'ai dédaignée.
Je pourrois, il eſt vrai, mandier ſon appui,
                                        Et

Et son prémier esclave être Tyran sous lui.

Grace au Ciel, je n'ai point cette indigne foiblesse;

Je veux de la grandeur, & la veux sans bassesse;

Je sens que mon destin n'étoit point d'obéïr;

Je combattrai vos Rois: retournez les servir.

A R O N S.

Je ne puis qu'aprouver cet excès de constance;

Mais songez que lui-même éleva votre enfance;

Il s'en souvient toûjours. Hier encor, Seigneur,

En pleurant avec moi son fils, & son malheur,

Titus, me disoit-il, soutiendroit ma Famille,

Et lui seul méritoit mon Empire & ma Fille.

T I T U S, *en se détournant.*

Sa Fille! Dieux! Tullie? O! vœux infortunez!

A R O N S, *en regardant Titus.*

Je la ramene au Roi que vous abandonnez;

Elle va loin de vous, & loin de sa Patrie,

Accepter pour époux le Roi de Ligurie;

Vous cependant ici servez votre Sénat,

Persécutez son Pere, opprimez son Etat.

J'espere que bien-tôt ces voûtes embrasées,

Ce Capitole en cendre, & ces Tours écrasées,

D 8   Du

Du Sénat & du Peuple éclairant les tombeaux,
A cet hymen heureux vont fervir de flambeaux.

SCENE VI.

TITUS, MESSALA.

TITUS.

AH mon cher Meffala, dans quel trouble il me laiffe!
Tarquin me l'eût donnée! ô douleur qui me preffe!
Moi j'aurois pû!... mais non ; Miniftre dangereux,
Tu venois épier le fecret de mes feux.
Hélàs! en me voyant, fe peut il qu'on l'ignore!
Il a lû dans mes yeux l'ardeur qui me dévore.
Certain de ma foibleffe, il retourne à fa Cour
Infulter aux projets d'un témeraire amour.
J'aurois pû l'époufer! lui confacrer ma vie!
Le Ciel à mes défirs eût deftiné Tullie!
Malheureux, que je fuis !

MESSALA.

Vous pourriez être heureux;
Arons pourroit fervir vos légitimes feux.
Croïez-moi.

TI-

TITUS.

Banniſſons un eſpoir ſi frivole,
Rome entiere m'appelle aux murs du Capitole.
Le peuple raſſemblé ſous ces Arcs triomphaux,
Tout chargés de ma gloire, & pleins de mes travaux,
M'attend pour commencer les ſermens redoutables,
De notre liberté garants inviolables.
Allons . . .

MESSALA.

Allez chercher ces Senateurs jaloux,
Allez ſervir ces Rois. . .

TITUS.

O tendreſſe, ô couroux !
Malheureux ! ce Sénat, dont l'orgueil t'humilie,
Le haïrois-tu tant, ſi tu n'aimois Tullie ?
Tout révolte en ces lieux tes ſens déſeſperez ;
Tout paroit injuſtice à tes yeux égarez.
Va, c'eſt trop à la fois, éprouver de foibleſſe.
Etouffe ton dépit, commande à ta tendreſſe ;
Que tant de paſſions qui déchirent ton cœur,
Soient au rang des Tyrans, dont Titus eſt vainqueur.

Fin du ſecond Acte.

E   *ACTE*

ACTE TROISIEME.

SCENE I.

ARONS, ALBIN, MESSALA.

ARONS, *une Lettre à la main.*

JE commence à goûter une jufte efpérance,
Vous m'avez bien fervi par tant de diligence;
Tout fuccéde à mes vœux. Oui, cette Lettre, Albin,
Contient le fort de Rome, & celui de Tarquin.
Avez-vous dans le Camp reglé l'heure fatale ?
A-t-on bien obfervé la Porte Quirinale ?
L'affaut fera-t-il prêt, fi par nos Conjurez
Les remparts cette nuit ne nous font point livrés ?
Tarquin eft-il content ? crois-tu qu'on l'introduife ?
Ou dans Rome fanglante, ou dans Rome foumife ?

ALBIN.

Tout fera prêt, Seigneur, au milieu de la nuit.
Tarquin de vos projets goûte déja le fruit;

Il

Il penfe de vos mains tenir fon Diadême ;
Il vous doit, a-t-il dit, plus qu'à Porfenna même.

ARONS.

Ou les Dieux, Ennemis d'un Prince malheureux,
Confondront des deffeins fi grands, fi dignes d'eux ;
Ou demain fous fes Loix Rome fera rangée ;
Rome en cendre peut-être, & dans fon fang plongée :
Mais il vaut mieux qu'un Roi fur le Trône remis,
Commande à des Sujets malheureux & foumis,
Que d'avoir à dompter au fein de l'abondance,
D'un Peuple trop heureux, l'indocile arrogance.

A Albin.

Allez, j'attens ici la Princeffe en fecret.

A Meffala.

Meffala, demeurez.

S C E N E II.

A R O N S, M E S S A L A.

A R O N S.

EH bien ? qu'avez-vous fait ?
Avez-vous de Titus fléchi le fier courage ?
Dans le parti des Rois penfez-vous qu'il s'engage ?

M E S S A L A.

J'avois trop préfumé ; l'inflexible Titus
Aime trop fa Patrie, & tient trop de Brutus.
Il fe plaint du Sénat, il brûle pour Tullie.
L'orgueil, l'ambition, l'amour, la jáloufie,
Le feu de fon jeune âge, & de fes paffions,
Sembloient ouvrir fon ame à mes féductions ;
Cependant qui l'eût cru ? la liberté l'emporte.
Son amour eft au comble, & Rome eft la plus forte.
J'ai tenté par degrés d'effacer cette horreur,
Que pour le nom de Roi Rome imprime en fon cœur.
En vain j'ai combattu ce préjugé févere ;
Le feul nom des Tarquins irritoit fa colere ;

De

De ſon entretien même il m'a ſoudain privé;
Et je hazardois trop ſi j'avois achevé.

A R O N S.

Ainſi de le fléchir Meſſala déſeſpere.

M E S S A L A.

J'ai trouvé moins d'obſtacle à vous donner ſon frere,
Et j'ai du moins ſéduit un des fils de Brutus.

A R O N S.

Quoi! vous auriez déja gagné Tiberinus?
Par quels reſſorts ſecrets? par quelle heureuſe intrigue?

M E S S A L A.

Son ambition ſeule a fait toute ma brigue.
Avec un œil jaloux il voit depuis long-temps,
De ſon frere & de lui, les honneurs différens.
Ces drapeaux ſuſpendus à ces voûtes fatales,
Ces Feſtons de Lauriers, ces Pompes triomphales,
Tous les cœurs des Romains, & celui de Brutus,
Dans ces ſolemnitez volant devant Titus,
Sont pour lui des affronts qui dans ſon ame aigrie
Echauffent le poiſon de ſa ſecrete envie.
Cependant que Titus ſans haine & ſans couroux,
Trop au-deſſus de lui pour en être jaloux,

Lui

Lui tend encor la main de son Char de Victoire,
Et semble en l'embraffant l'accabler de sa gloire.
J'ai saisi ces momens, j'ai sû peindre à ses yeux
Dans une Cour brillante un rang plus glorieux;
J'ai preffé, j'ai promis, au nom de Tarquin même,
Tous les honneurs de Rome, après le rang suprême;
Je l'ai vû s'éblouïr, je l'ai vû s'ébranler;
Il est à vous, Seigneur, & cherche à vous parler.

A R O N S.

Pourra-t-il nous livrer la Porte Quirinale?

M E S S A L A.

Titus seul y commande, & sa vertu fatale
N'a que trop arrêté le cours de vos destins;
C'est un Dieu qui préside au salut des Romains.
Gardez de hazarder cette attaque soudaine,
Sûre avec son appui, sans lui trop incertaine.

A R O N S,

Mais si du Consulat il a brigué l'honneur,
Pourroit-il dédaigner la suprême grandeur
Du Trône avec Tullie un assûré partage?

M E S S A L A.

Le Trône est un affront à sa vertu sauvage.

A R O N S.

ARONS.

Mais il aime Tullie.

MESSALA.

Il l'adore, Seigneur;
Il l'aime d'autant plus qu'il combat son ardeur.
Il brûle pour la Fille, en détestant le Pere;
Il craint de lui parler, il gémit de se taire;
Il la cherche, il la fuit, il dévore ses pleurs;
Et de l'amour encor il n'a que les fureurs.
Dans l'agitation d'un si cruel orage,
Un moment quelquefois renverse un grand courage;
Je sai quel est Titus: ardent. impétueux;
S'il se rend, il ira plus loin que je ne veux.
La fiere ambition qu'il renferme dans l'ame,
Au flambeau de l'amour peut rallumer sa flâme.
Avec plaisir sans doute il verroit à ses pieds
Des Sénateurs tremblans les fronts humiliés;
Mais je vous tromperois, si j'osois vous promettre
Qu'à cet amour fatal il veuille se soumettre.
Je peux parler encor, & je vais aujourd'hui . . .

ARONS.

Puisqu'il est amoureux, je compte encor sur lui.
Un regard de Tullie, un seul mot de sa bouche,

Peut

Peut plus pour amollir cette vertu farouche,
Que les fubtils détours, & tout l'art féduꞔeur
D'un Chef des Conjurés, & d'un Ambaſſadeur.
N'eſpérons des humains rien que par leur foibleſſe.
L'ambition de l'un, de l'autre la tendreſſe,
Voilà les Conjurés qui ſerviront mon Roi;
C'eſt d'eux que j'attens tout; ils ſont plus forts que moi.

Tullie entre. Meſſala ſe retire.

SCENE III.

TULLIE, ARONS, ALGINE,

A R O N S.

MAdame, en ce moment je reçois cette Lettre,
Qu'en vos auguſtes mains mon ordre eſt de remettre,
Et que jusqu'en la mienne a fait paſſer Tarquin.

T U L L I E.

Dieux! protegez mon Pere, & changez ſon deſtin.

Elle lit:

„ Le Trône des Romains peut ſortir de ſa cendre,
„ Le Vainqueur de ſon Roi peut en être l'appui.

„ Titus

„ Titus eft un Héros ; c’eft à lui de défendre

„ Un Sceptre que je veux partager avec lui.

„ Vous, fongez que Tarquin vous a donné la vie,

„ Songez que mon deftin va dépendre de vous.

„ Vous pourriez refufer le Roi de Ligurie,

„ Si Titus vous eft cher, il fera votre Epoux.

    Ai-je bien lû ... Titus ? ... Seigneur ... eft-il poffible ?

Tarquin dans fes malheurs jufqu’alors inflexible,

Pourroit ? mais, d’où fait-il ? ... & comment ? Ah

       Seigneur,

Ne veut-on qu’arracher les fecrets de mon cœur ?

Epargnez les chagrins d’une trifte Princeffe ?

Ne tendez point de piége à ma foible jeuneffe.

A R O N S.

Non, Madame, à Tarquin je ne fais qu’obéir,

Ecouter mon devoir, me taire, & vous fervir.

Il ne m’appartient point de chercher à comprendre

Des fecrets qu’en mon fein vous craignez de répandre.

Je ne veux point lever un œil préfomptueux

Vers le voile facré que vous jettez fur eux ;

Mon devoir feulement m’ordonne de vous dire

Que le Ciel veut par vous relever cet Empire ;

Que ce Trône eft un prix qu’il met à vos vertus.

T U L L I E.

Je fervirois mon Pere, & ferois à Titus!
Seigneur, il fe pourroit....

A R O N S.

N'en doutez point, Princeffe,
Pour le fang de fes Rois ce Héros s'intereffe.
De ces Républicains la trifte aufterité,
De fon cœur généreux révolte la fierté;
Les refus du Sénat ont aigri fon courage,
Il penche vers fon Prince; achevez cet ouvrage.
Je n'ai point dans fon cœur prétendu pénétrer;
Mais, puisqu'il vous connoit, il vous doit adorer.
Quel œil, fans s'éblouïr, peut voir un Diadême,
Préfenté par vos mains, embelli par vous-même?
Parlez-lui feulement, vous pourrez tout fur lui;
De l'Ennemi des Rois triomphez aujourd'hui.
Arrachez au Sénat, rendez à votre Pere
Ce grand appui de Rome, & fon Dieu tutelaire,
Et méritez l'honneur d'avoir entre vos mains
Et la caufe d'un Pere, & le fort des Romains.

SCENE

SCENE IV,

TULLIE, ALGINE.

TULLIE.

Ciel! que je dois d'encens à ta bonté propice!
Mes pleurs t'ont défarmé, tout change; & ta juftice
Aux feux dont j'ai rougi rendant leur pureté,
En les recompenfant, les met en liberté.

A Algine.

Va le chercher, va, cours; Dieux! il m'évite encore:
Faut-il qu'il foit heureux, hélas! & qu'il l'ignore?
Mais... n'écoutai-je point un efpoir trop flatteur?
Titus, pour le Sénat, a-t-il donc tant d'horreur?
Que dis-je! hélas! devrois-je au dépit qui le preffe
Ce que j'aurois voulu devoir à fa tendreffe?

ALGINE.

Je fai que le Sénat alluma fon courroux,
Qu'il eft ambitieux, & qu'il brûle pour vous.

TUL-

T U L L I E.

Il fera tout pour moi, n'en doute point, il m'aime,
Va, dis-je . . .

Algine fort.

Cependant ce changement extrême...
Ce Billet !.. De quels foins mon cœur eft combattu ?
Eclatez, mon amour, ainfi que ma vertu ;
La gloire, la raifon, le devoir, tout l'ordonne,
Quoi ! mon Pere à mes feux va devoir fa Couronne !
De Titus & de lui je ferois le lien !
Le bonheur de l'Etat va donc naître du mien ?
Toi que je peux aimer, quand pourrai-je t'apprendre
Ce changement du fort où nous n'ofions prétendre ?
Quand pourrai-je, Titus, dans mes juftes tranfports,
T'entendre fans regrets, te parler fans remords ?
Tous mes maux font finis, Rome, je te pardonne ;
Rome, tu vas fervir fi Titus t'abandonne ;
Sénat, tu vas tomber fi Titus eft à moi ;
Ton Héros m'aime ; tremble, & reconnois ton Roi.

SCENE

SCENE V.
TITUS, TULLIE.

TITUS.

MAdame, eſt-il bien vrai? daignez-vous voir
      encore
Cet odieux Romain, que vôtre cœur abhorre,
Si juſtement haï, ſi coupable envers vous;
Cet Ennemi!

TULLIE.

      Seigneur, tout eſt changé pour nous.
Le deſtin me permet… Titus… il faut me dire
Si j'avois ſur votre ame un véritable empire.

TITUS.

Eh! pouvez-vous douter de ce fatal pouvoir,
De mes feux, de mon crime, & de mon déſeſpo'
Vous ne l'avez que trop cet empire funeſte:
L'amour vous a ſoumis mes jours que je déteſte,
Commandez, épuiſez votre juſte courroux,
Mon ſort eſt en vos mains.

                              TUL-

TULLIE.

Le mien dépend de vous.

TITUS.

De moi! mon cœur tremblant ne vous en croit qu'à
  peine;
Moi! je ne ferois plus l'objet de votre haine!
Ah! Princesse, achevez; quel espoir enchanteur
M'éleve en un moment au faîte du bonheur?

TULLIE.

En donnant la Lettre.

Lisez, rendez heureux, vous, Tullie, & mon Pere.
  Tandis qu'il lit :
Je puis donc me flatter... mais quel regard févere?
D'où vient ce morne accueil, & ce front consterné?
Dieux...

TITUS.

Je suis des Mortels le plus infortuné;
Le fort, dont la rigueur à m'accabler s'attache,
M'a montré mon bonheur, & foudain me l'arrache;
Et pour combler les maux que mon cœur a soufferts,
Je puis vous posséder, vous adore, & vous perds.

TULLIE.

Vous, Titus?

TITUS.

Ce moment a condamné ma vie
Au comble des horreurs, ou de l'ignominie,
A trahir Rome ou vous; & je n'ai deformais
Que le choix des malheurs, ou celui des forfaits.

TULLIE.

Que dis-tu? quand ma main te donne un Diadême,
Quand tu peux m'obtenir, quand tu vois que je t'aime;
Je ne m'en cache plus, un trop jufte pouvoir,
Autorifant mes vœux, m'en a fait un devoir.
Hélas! j'ai cru ce jour le plus beau de ma vie;
Et le premier moment où mon ame ravie
Peut de fes fentimens s'expliquer fans rougir,
Ingrat! eft le moment qu'il m'en faut repentir.
Que m'ofes-tu parler de malheur, & de crime?
Ah! fervir des ingrats contre un Roi légitime,
M'opprimer, me chérir, détefter mes bienfaits,
Ce font-là tes malheurs, & voilà tes forfaits.
Ouvre les yeux, Titus, & mets dans la balance
Les refus du Sénat, & la toute-puiffance,

Choi-

Choifi de recevoir, ou de donner la Loi,
D'un vil Peuple ou d'un Trône, & de Rome, ou
        de moi ;
Infpirez-lui, grands Dieux! le parti qu'il doit prendre.

TITUS, *en lui rendant la Lettre.*

Mon choix eft fait.

TULLIE.

        Eh bien ? crains-tu de me l'apprendre?
Parle, ofe mériter ta grace ou mon courroux.
Quel fera ton deftin? . . . .

TITUS.

            D'être digne de vous ;
Digne encor de moi-même, à Rome encor fidelle,
Brûlant d'amour pour vous, de combattre pour elle;
D'adorer vos vertus, mais de les imiter ;
De vous perdre, Madame, & de vous mériter.

TULLIE.

Ainfi donc pour jamais. . . .

TITUS.

            Ah! pardonnez, Princeffe,
Oubliez ma fureur, épargnez ma foibleffe?

                                Ayez

Ayez pitié d'un cœur de foi-même ennemi,
Moins malheureux cent fois quand vous l'avez haï.
Pardonnez, je ne puis vous quitter, ni vous fuivre,
Ni pour vous, ni fans vous, Titus ne fauroit vivre;
Et je mourrai plutôt qu'un autre ait votre foi.

TULLIE.

Je te pardonne tout, elle eft encor à toi.

TITUS.

Eh bien! fi vous m'aimez, ayez l'ame Romaine;
Aimez ma Republique, & foyez plus que Reine;
Apportez-moi pour dot, au lieu du rang des Rois,
L'amour de mon Païs, & l'amour de mes Loix.
Acceptez aujourd'hui Rome pour votre Mere,
Son Vangeur pour Epoux, Brutus pour votre Pere;
Que les Romains vaincus en generofité,
A la fille des Rois doivent leur liberté...

TULLIE.

Qui, moi j'irois trahir? . . .

TITUS.

Mon defefpcir m'égare;
Non, toute trahifon eft indigne & barbare,

F   Je

Je fai ce qu'eft un Pere, & fes droits abfolus;
Je fai... que je vous aime... & ne me connois plus.

T U L L I E.

Ecoute au moins ce fang qui m'a donné la vie.

T I T U S.

Eh dois-je écouter moins mon fang & ma Patrie?

T U L L I E.

L'amour doit donc fe taire, & fans plus m'avilir,
Pour un Ingrat. . . .

SCENE VI.

BRUTUS, ARONS, TITUS, TULLIE,
MESSALA, ALBIN, PROCULUS,
Licteurs.

BRUTUS *à Tullie.*

Madame, il eſt tems de partir ;
Dans les prémiers éclats des tempêtes publiques,
Rome n'a pû vous rendre à vos Dieux domeſtiques;
Tarquin même en ce temps , prompt à vous oublier,
Et du ſoin de nous perdre occupé tout entier,
Dans nos calamités confondant ſa Famille,
N'a pas même aux Romains redemandé ſa Fille.
Souffrez que je rappelle un triſte ſouvenir :
Je vous privai d'un Pere , & dûs vous en ſervir ;
Allez, & que du Trône, où le Ciel vous appelle, .
L'inflexible équité ſoit la garde éternelle.
Pour qu'on vous obéiſſe, obéiſſez aux Loix,
Tremblez en contemplant tout le devoir des Rois ;
Et ſi de vos flatteurs la funeſte malice
Jamais dans votre cœur ébranloit la juſtice,

Prête

Prête alors d'abufer du pouvoir fouverain,
Souvenez-vous de Rome, & fongez à Tarquin;
Et que ce grand exemple où mon efpoir fe fonde
Soit la Leçon des Rois, & le bonheur du Monde.

à Arons.

Le Sénat vous la rend, Seigneur, & c'eft-à vous
De la remettre aux mains d'un Pere, & d'un Epoux,
Proculus va vous fuivre à la Porte facrée.

TITUS, *éloigné.*

O de ma paffion fureur défefperée!

Il va vers Arons.

Je ne fouffrirai point, non ... permettez, Seigneur,

Brutus & Tullie fortent avec leur Suite.
Arons & Meffala reftent.

Dieux! ne mourrai-je point de honte, & de douleur?

A Arons.

. . . . Pourrois-je vous parler?

A R O N S.

Seigneur, le temps me preffe;
Il me faut fuivre ici Brutus & la Princeffe;
Je puis d'une heure encor retarder fon départ;

Crai-

Craignez, Seigneur, craignez de me parler trop tard.
Dans fon Apartement nous pouvons l'un & l'autre
Parler de fes deftins, & peut-être du vôtre.

Il fort.

SCENE VII.

TITUS, MESSALA.

TITUS.

SOrt qui nous as rejoints, & qui nous défunis;
Sort, ne nous as-tu faits que pour être ennemis?
Ah! cache, fi tu peux, ta fureur & tes larmes.

MESSALA.

Je plains tant de vertus, tant d'amour & de charmes;
Un cœur tel que le fien méritoit d'être à vous.

TITUS.

Non, c'en eft fait, Titus n'en fera point l'époux.

MESSALA.

Pourquoi? quel vain fcrupule à vos defirs s'oppofe?

F 3　　　　TITUS.

T I T U S.

Abominables Loix! que la cruelle impofe;
Tyrans que j'ai vaincus, je pourrois vous fervir!
Peuples que j'ai fauvez, je pourrois vous trahir!
L'amour, dont j'ai fix mois vaincu la violence,
L'amour auroit fur moi cette affreufe puiffance!
J'expoferois mon Pere à fes Tyrans cruels?
Et quel Pere? un Héros, l'Exemple des Mortels,
L'appui de fon Païs, qui m'inftruifit à l'être,
Que j'imitai, qu'un jour j'euffe égalé peut-être.
Après tant de vertus, quel horrible deftin?

M E S S A L A.

Vous eutes les vertus d'un Citoyen Romain;
Il ne tiendra qu'à vous d'avoir celles d'un Maître.
Seigneur, vous ferez Roi, dès que vous voudrez l'être,
Le Ciel met dans vos mains en ce moment heureux
La vangeance, l'empire, & l'objet de vos feux.
Que dis-je? ce Conful, ce Héros, que l'on nomme
Le Pere, le Soutien, le Fondateur de Rome,
Qui s'enivre à nos yeux de l'Encens des Humains
Sur les débris d'un Trône écrafé par vos mains,
S'il eût mal foutenu cette grande querelle,
S'il n'eût vaincu par vous, il n'étoit qu'un Rebelle.

Seigneur

Seigneur, embelliffez ce grand nom de Vainqueur
Du nom plus glorieux, de Pacificateur ;
Daignez nous ramener ces jours, où nos Ancêtres
Heureux, mais gouvernés, libres, mais fous des
      Maîtres,
Pefoient dans la Balance, avec un même poids,
Les intérêts du Peuple, & la grandeur des Rois ;
Rome n'a point pour eux une haine immortelle ;
Rome va les aimer, fi vous regnez fur elle ;
Ce pouvoir fouverain, que j'ai vû tour à tour
Attirer de ce Peuple & la haine & l'amour,
Qu'on craint en des Etats, & qu'ailleurs on défire,
Eft des Gouvernemens le meilleur ou le pire,
Affreux fous un Tyran, divin fous un bon Roi.

T I T U S.

Meffala, fongez-vous que vous parlez à moi,
Que deformais en vous je ne vois plus qu'un traître,
Et qu'en vous épargnant je commence de l'être ?

M E S S A L A.

Eh bien, apprenez donc, que l'on vous va ravir
L'ineftimable honneur, dont vous n'ofez jouïr ;
Qu'un autre accomplira ce que vous pouviez faire.

T I T U S.

Un autre! arrête; Dieux! parle... qui?

M E S S A L A.

Votre Frere,

T I T U S.

Mon Frere?

M E S S A L A.

A Tarquin même il a donné sa foi.

T I T U S.

Mon Frere trahit Rome?

M E S S A L A.

Il sert Rome & son Roi,
Et Tarquin, malgré vous n'acceptera pour Gendre
Que celui des Romains qui l'aura pû défendre.

T I T U S.

Ciel! perfide!...écoutez : mon cœur long-temps séduit
A méconnu l'abyme où vous m'avez conduit.
Vous pensez me réduire au malheur nécessaire
D'être ou le Délateur, ou Complice d'un Frere;
Mais plûtôt votre sang...

MES.

MESSALA.

Vous pouvez m'en punir ;
Frappez, je le mérite, en voulant vous servir.
Du sang de votre ami que cette main fumante
Y joigne encor le sang d'un Frere, & d'une Amante ;
Et, leur tête à la main, demandez au Sénat
Pour prix de vos vertus l'honneur du Consulat,
Où moi-même à l'instant déclarant les Complices,
Je m'en vais commencer ces affreux sacrifices.

TITUS.

Demeure, malheureux, ou crains mon désespoir.

***

SCENE VIII.

TITUS, MESSALA, ALBIN.

ALBIN.

L'Ambassadeur Toscan peut maintenant vous voir,
Il est chez la Princesse.

TITUS.

. . . Oui, je vais chez Tullie. . . .

J'y

J'y cours. O Dieux de Rome! O Dieux de ma Patrie!
Frappez, percez ce cœur, de sa honte allarmé,
Qui seroit vertueux, s'il n'avoit point aimé.
C'est donc à vous, Sénat! que tant d'amour s'immole?
A vous, Ingrats! . . . allons. . .

à Messala.

Tu vois ce Capitole
Tout plein des monumens de ma fidélité.

M E S S A L A.

Songez qu'il est rempli d'un Sénat détesté.

T I T U S.

Je le sai. Mais. . . du Ciel qui tonne sur ma tête
J'entends la voix qui crie: arrête, Ingrat, arrête,
Tu trahis ton Païs. . . non, Rome! non, Brutus!
Dieux qui me secourez! je suis encor Titus;
La gloire a de mes jours accompagné la course;
Je n'ai point de mon sang deshonoré la source;
Votre victime est pure, & s'il faut qu'aujourd'hui
Titus soit aux forfaits entraîné malgré lui,
S'il faut que je succombe au Destin qui m'opprime,
Dieux! sauvez les Romains, frappez avant le crime.

Fin du troisième Acte.

ACTE

ACTE QUATRIEME.

SCENE I.

TITUS, ARONS, MESSALA.

TITUS.

OUI, j'y suis résolu, partez, c'est trop attendre.
Honteux, desesperé, je ne veux rien entendre,
Laissez-moi ma vertu, laissez-moi mes malheurs.
Fort contre vos raisons, foible contre ses pleurs,
Je ne la verrai plus. Ma fermeté trahie
Craint moins tous vos tyrans qu'un regard de Tullie.
Je ne la verrai plus; oui qu'elle parte...ah Dieux!

ARONS.

Pour vos interêts seuls arrêté dans ces lieux,
J'ai bientôt passé l'heure avec peine accordée,
Que vous-même, Seigneur, vous m'aviez demandée.

TITUS.

Moi que j'ai demandée?

ARONS.

Helas que pour vous deux
J'attendois un destin plus digne & plus heureux!
J'esperois couronner des ardeurs si parfaites.
Il n'y faut plus penser.

TITUS.

Ah! cruel, que vous êtes!
Vous avez vu ma honte, & mon abaissement,

F 6   Vous

Vous avez vu Titus balancer un moment.
Allez, adroit temoin de mes lâches tendreſſes,
Allez à vos deux Rois annoncer mes foibleſſes.
Contez à ces tyrans terraſſez par mes coups,
Que le fils de Brutus a pleuré devant vous.
Mais ajoutez au moins que parmi tant de larmes,
Malgré vous, & Tullie & ſes pleurs & ſes charmes,
Vainqueur encor de moi, libre, & toujours Romain,
Je ne ſuis point ſoumis par le ſang de Tarquin,
Que rien ne me ſurmonte ; & que je jure encore
Une guerre éternelle à ce ſang que j'adore.

A R O N S.

J'excuſe la douleur, où vos ſens ſont plongez ;
Je reſpecte en partant vos triſtes préjugez.
Loin de vous accabler, avec vous je ſoupire.
Elle en mourra, c'eſt tout ce que je peux vous dire.
Adieu, Seigneur.

M E S S A L A.

O Ciel !

S C E N E II.

T I T U S, M E S S A L A.

T I T U S.

Non, je ne puis ſouffrir
Que des remparts de Rome on la laiſſe ſortir.
Je veux la retenir au peril de ma vie.

MES-

MESSALA.

Vous voulez...

TITUS.

Je suis loin de trahir ma patrie.
Rome l'emportera, je le sai; mais enfin
Je ne puis separer Tullie & mon destin.
Je respire, je vis, je perirai pour elle.
Prens pitié de mes maux, courons, & que ton zèle
Souleve nos amis, rassemble nos soldats.
En depit du Senat je retiendrai ses pas.
Je pretends que dans Rome elle reste en ôtage.
Je le veux.

MESSALA.

Dans quels soins votre amour vous engage,
Et que pretendez-vous par ce coup dangereux,
Que d'avouer sans fruit un amour malheureux?

TITUS.

Eh bien, c'est au Senat qu'il faut que je m'adresse,
Va de ces Rois de Rome adoucir la rudesse,
Dis-leur que l'interêt de l'Etat, de Brutus...
Helas que je m'emporte en desseins superflus!

MESSALA.

Dans la juste douleur où votre ame est en proie,
Il faut pour vous servir...

TITUS.

Il faut que je la voie,
Il faut que je lui parle. Elle passe en ces lieux,
Elle entendra du moins mes éternels adieux.

MESSALA.

Parlez-lui, croiez-moi.

TITUS.

Je suis perdu, c'est elle.
F 7

S C E N E III.

T I T U S, M E S S A L A, T U L L I E, A L G I N E.

A L G I N E.

ON vous attend, Madame.

T U L L I E.

Ah Sentence cruelle!

L'ingrat me touche encor, & Brutus à mes yeux
Paroît un Dieu terrible armé contre nous deux.
J'aime, je crains, je pleure, & tout mon cœur s'égare,
Allons. . .

T I T U S.

Non, demeurez. Daignez du moins.

T U L L I E.

Barbare!

Veux-tu par tes difcours. . .

T I T U S.

Ah! dans ce jour affreux,

Je fai ce que je dois, & non ce que je veux;
Je n'ai plus de raifon, vous me l'avez ravie.
Eh bien, guidez mes pas, gouvernez ma furie;
Regnez donc en Tyran fur mes fens éperdus;
Dictez, fi vous l'ofez, les crimes de Titus.
Non, plutôt que je livre aux flammes, au carnage,
Ces murs, ces Citoyens, qu'a fauvés mon courage,
Qu'un Pere, abandonné par un fils furieux,
Sous le Fer de Tarquin. . .

TUL-

TULLIE.

M'en préfervent les Dieux;
La Nature te parle, & fa voix m'eft trop chere;
Tu m'as trop bien apris à trembler pour un Pere;
Raffure-toi, Brutus eft déformais le mien;
Tout mon fang eft à toi, qui te répond du fien:
Notre amour, mon hymen, mes jours en font le gage;
Je ferai dans tes mains, fa fille, fon ôtage;
Peux-tu déliberer? penfes-tu qu'en fecret
Brutus te vît au Trône avec tant de regret;
Il n'a point fur fon front placé le Diadême;
Mais, fous un autre nom, n'eft-il pas Roi lui-même?
Son regne eft d'une année, & bien-tôt...mais hélas!
Que de foibles raifons! fi tu ne m'aimes pas.
Je ne dis plus qu'un mot. Je pars... & je t'adore.
Tu pleures, tu frémis, il en eft temps encore;
Acheve, parle, Ingrat, que te faut-il de plus?

TITUS.

Votre haine; elle manque au malheur de Titus.

TULLIE.

Ah! c'eft trop effuyer tes indignes murmures,
Tes vains engagemens, tes plaintes, tes injures;
Je te rends ton amour; dont le mien eft confus;

Et

Et tes trompeurs fermens, pires que tes refus.

Je n'irai point chercher au fond de l'Italie

Ces fatales grandeurs que je te facrifie,

Et pleurer, loin de Rome, entre les bras d'un Roi,

Cet amour malheureux que j'ai fenti pour toi.

J'ai reglé mon deftin. Romain, dont la rudeffe

N'affecte de vertu que contre ta Maîtreffe,

Heros pour m'accabler, timide à me fervir,

Incertain dans tes vœux, apprens à les remplir:

Tu verras qu'une femme à tes yeux méprifable,

Dans fes projets au moins étoit inébranlable;

Et par la fermeté dont ce cœur eft armé,

Titus, tu connoîtras comme il t'auroit aimé.

Au pied de ces murs même où regnoient mes Ancêtres,

De ces murs que ta main défend contre leurs Maîtres,

Où tu m'ofes trahir, & m'outrager comme eux,

Où ma foi fut féduite, où tu trompas mes feux;

Je jure à tous les Dieux, qui vangent les parjures,

Que mon bras dans mon fang effaçant mes injures,

Plus jufte que le tien, mais moins irréfolu,

Ingrat, va me punir de t'avoir mal-connu;

Et je vais; . . .

TITUS *l'arrêtant.*

Non, Madame, il faut vous fatisfaire;

Je

Je le veux, j'en frémis, & j'y cours pour vous plaire.

D'autant plus malheureux, que dans ma paſſion

Mon cœur n'a pour excuſe aucune illuſion,

Que je ne goûte point dans mon déſordre extrême

Le triſte & vain plaiſir de me tromper moi-même,

Que l'amour aux forfaits me force de voler,

Que vous m'avez vaincu ſans pouvoir m'aveugler,

Et qu'encor indigné de l'ardeur qui m'anime,

Je chéris la vertu, mais j'embraſſe le crime.

Haïſſez-moi, fuyez, quittez un malheureux,

Qui meurt d'amour pour vous, & déteſte ſes feux ;

Qui va s'unir à vous ſous ces affreux augures,

Parmi les attentats, le meurtre, & les parjures.

TULLIE.

Vous inſultez, Titus, à ma funeſte ardeur ;

Vous ſentez à quel point vous regnez dans mon cœur ;

Oui, je vis pour toi ſeul, oui, je te le confeſſe ;

Mais malgré ton amour, mais malgré ma foibleſſe,

Apprens que le trépas m'inſpire moins d'effroi

Que la main d'un Epoux, qui frémit d'être à moi,

Qui ſe repentiroit d'avoir ſervi ſon Maître,

Que je fais Souverain, & qui rougit de l'être.

Voici l'inſtant affreux qui va nous éloigner ;

G

Sou-

Souviens-toi que je t'aime, & que tu peux regner ;
L'Ambaſſadeur m'attend ; conſulte, délibere,
Dans une heure avec moi tu reverras mon Pere ;
Je pars, & je reviens ſous ces murs odieux,
Pour y rentrer en Reine, ou périr à tes yeux.

T I T U S.

Vous ne périrez point. Je veux...

T U L L I E.

Titus, arrête ;
En me ſuivant plus loin, tu hazardes ta tête ;
On peut te ſoupçonner : demeure, adieu, réſous,
D'être mon parricide, ou d'être mon époux.

S C E N E III.
T I T U S ſeul.

TU l'emportes, cruelle, & Rome eſt aſſervie ;
Reviens regner ſur elle, ainſi que ſur ma vie ;
Reviens, je vais me perdre, ou vais te couronner ;
Le plus grand des forfaits eſt de t'abandonner.
Qu'on cherche Meſſala ; ma fougueuſe imprudence
A de ſon amitié laſſé la patience ;
Maitreſſe, Amis, Romains, je perds tout en un jour.

SCENE

SCENE IV.

TITUS, MESSALA.

TITUS.

SErs ma fureur enfin , fers mon fatal amour ;
Viens, fuis-moi.

MESSALA.

Commandez, tout eft prêt ; mes cohortes
Sont au Mont Quirinal , & livreront les Portes ;
Tous nos braves amis vont jurer avec moi,
De reconnoître en vous l'héritier de leur Roi ;
Ne perdez point de temps ; déja la nuit plus fombre ,
Propice à vos deffeins , les cache dans fon ombre.

TITUS.

L'heure approche. Tullie en compte les momens ...
Et Tarquin , après tout, eut mes premiers fermens.
Le fort en eft jetté.

Le fond du Theâtre s'ouvre ..

Que voi-je ! c'eft mon Pere.

G 2   SCENE

S C E N E V.

B R U T U S, T I T U S, M E S S A L A, L I C T E U R S.

B R U T U S.

Viens, Rome eſt en danger; c'eſt en toi que j'eſ-
      pere.
Par un avis ſecret le Sénat eſt inſtruit
Qu'on doit attaquer Rome au milieu de la nuit;
J'ai brigué pour mon ſang, pour le Héros que j'aime,
L'honneur de commander dans ce péril extrême;
Le Sénat te l'accorde, arme-toi, mon cher fils,
Une ſeconde fois va ſauver ton Païs;
Pour notre liberté va prodiguer ta vie;
Va, mort ou triomphant, tu feras mon envie.

T I T U S.

Ciel…

B R U T U S.

Mon fils…

T I-

TITUS.

Remettez, Seigneur, en d'autres mains
Les faveurs du Sénat, & le fort des Romains.

MESSALA.

Ah quel défordre affreux de fon ame s'empare!

BRUTUS.

Vous pourriez refufer l'honneur qu'on vous prépare?

TITUS.

Qui? moi, Seigneur?

BRUTUS.

Eh quoi? votre cœur égaré
Des refus du Sénat eft encore ulteré?
De vos prétentions je voi les injuftices.
Ah mon fils, eft-il tems d'écouter vos caprices?
Vous avez fauvé Rome, & n'êtes pas heureux?
Cet immortel honneur n'a pas comblé vos vœux?
Mon fils au Confulat a t il ofé prétendre,
Avant l'âge où les Loix permettent de l'attendre?
Va, ceffe de briguer une injufte faveur;
La Place où je t'envoye eft ton pofte d'honneur.
Va, ce n'eft qu'aux Tyrans que tu dois ta colere;
De l'Etat & de toi je fens que je fuis Pere.

Donne

Donne ton fang à Rome, & n'en exige rien ;
Sois toujours un Héros, fois plus, fois Citoyen.
Je touche, mon cher Fils, au bout de ma carriere,
Tes triomphantes mains vont fermer ma paupiere ;
Mais foutenu du tien, mon nom ne mourra plus ;
Je renaîtrai pour Rome, & vivrai dans Titus.
Que dis-je ? je te fuis.   Dans mon âge débile
Les Dieux ne m'ont donné qu'un courage inutile ;
Mais je te verrai vaincre, ou mourrai comme toi,
Vangeur du nom Romain, libre encor, & fans Roi.

T I T U S.

Ah ! Meffala.

SCENE VI.

B R U T U S, V A L E R I U S, T I T U S, M E S S A L A.

V A L E R I U S.

Seigneur, faites qu'on fe retire ;

B R U T U S *à fon Fils.*

Cours, vole . . .

Titus

Titus & Meffala fortent.

VALERIUS.

On trahit Rome.

BRUTUS.

Ah qu'entens-je!

VALERIUS.

On confpire.

Je n'en faurois douter; on nous trahit, Seigneur.
De cet affreux complot j'ignore encor l'auteur;
Mais le nom de Tarquin vient de fe faire entendre,
Et d'indignes Romains ont parlé de fe rendre.

BRUTUS.

Des Citoyens Romains ont demandé des fers!

VALERIUS.

Les perfides m'ont fuï par des chemins divers;
On les fuit. Je foupçonne, & Ménas, & Lélie,
Ces Partifans des Rois, & de la Tyrannie;
Ces fecrets Ennemis du bonheur de l'Etat,
Ardents à défunir le Peuple, & le Sénat.
Meffala les protege; & dans ce trouble extrême
J'oferois foupçonner jufqu'à Meffala même,
Sans l'étroite amitié dont l'honore Titus.

BRU-

B R U T U S.

Obſervons tous leurs pas , je ne puis rien de plus ;
La Liberté , la Loi , dont nous ſommes les Peres ,
Nous défend des rigueurs , peut-être néceſſaires.
Arrêter un Romain ſur de ſimples ſoupçons ,
C'eſt agir en Tyrans , nous qui les puniſſons.
Allons parler au Peuple , enhardir les timides ,
Encourager les bons , étonner les perfides ;
Que les Peres de Rome , & de la Liberté ,
Viennent rendre aux Romains leur intrépidité ;
Quels cœurs en nous voyant ne reprendront courage ?
Dieux ! donnez-nous la mort plûtôt que l'eſclavage.
Que le Sénat nous ſuive.

S C E N E   VII.

BRUTUS, VALERIUS, PROCULUS.

P R O C U L U S.

UN Eſclave, Seigneur,
D'un entretien ſecret implore la faveur.

BRUTUS.

Dans la nuit ? à cette heure ?

PROCULUS.

Oui, d'un avis fidelle,
Il apporte, dit-il, la preſſante nouvelle.

BRUTUS.

Peut-être des Romains le ſalut en dépend.
Allons, c'eſt les trahir que tarder un moment,

A Proculus.

Vous, allez vers mon Fils ; qu'à cette heure fatale
Il défende ſur tout la Porte Quirinale ;
Et que la Terre avouë, au bruit de ſes exploits ;
Que le ſort de mon ſang eſt de vaincre les Rois.

Fin du quatriéme Acte.

G 5   *ACTE*

ACTE CINQUIEME.

SCENE I.

BRUTUS, Les SENATEURS, PROCU-
LUS, LICTEURS, L'Esclave VIN-
DEX.

BRUTUS.

Oui, Rome n'étoit plus ; oui, sous la Tyrannie
L'augufte liberté tomboit anéantie.
Vos tombeaux fe rouvroient ; c'en étoit fait ; Tarquin
Rentroit dès cette nuit, la vangeance à la main.
C'eft cet Ambaffadeur, c'eft lui dont l'artifice
Sous les pas des Romains creufoit ce précipice.
Enfin, le croirez-vous ? Rome avoit des Enfans
Qui confpiroient contre elle, & fervoient les Tyrans.
Meffala conduifoit leur aveugle furie :
A ce perfide Arons il vendoit fa Patrie.
Mais le Ciel a veillé fur Rome & fur vos jours.
Cet Efclave a d'Arons écouté les Difcours,

En

En montrant l'Esclave.

Il a prévû le crime; & son avis fidèle

A réveillé ma crainte, a ranimé mon zèle.

Messala, par mon ordre arrêté cette nuit,

Devant vous à l'instant alloit être conduit;

J'attendois que du moins l'appareil des supplices

De sa bouche infidèle arrachât ses Complices;

Mes Licteurs l'entouroient; quand Messala soudain,

Saisissant un poignard qu'il cachoit dans son sein,

Et qu'à vous, Sénateurs, il destinoit peut-être:

Mes secrets, a-t-il dit, que l'on cherche à connoître,

C'est dans ce cœur sanglant qu'il faut les découvrir;

Et qui sait conspirer, sait se taire, & mourir.

On s'écrie, on s'avance, il se frappe: & le traître

Meurt encore en Romain, quoiqu'indigne de l'être.

Déja des murs de Rome Arons étoit parti,

Assez loin vers le camp nos Gardes l'ont suivi;

On arrête à l'instant Arons avec Tullie.

Bien-tôt, n'en doutez point, de ce complot impie,

Le Ciel va découvrir toutes les profondeurs;

Publicola par tout en cherche les Auteurs.

Mais quand nous connoîtrons le nom des Parricides,

Prenez garde, Romains; point de grace aux Perfides:

Fussent-ils nos Amis, nos Freres, nos Enfans,

Ne

Ne voyez que leur crime, & gardez vos Sermens.
Rome, la Liberté, demandent leur fupplice;
Et qui pardonne au crime, en devient le Complice.

A l'Efclave.

Et toi, dont la naiffance & l'aveugle deftin
N'avoit fait qu'un Efclave, & dû faire un Romain,
Par qui le Sénat vit, par qui Rome eft fauvée,
Reçois la Liberté que tu m'as confervée,
Et, prenant déformais des fentimens plus grands,
Sois l'égal de mes Fils, & l'effroi des Tyrans.
Mais qu'eft-ce que j'entens? quelle rumeur foudaine?

P R O C U L U S.

Arons eft arrêté, Seigneur, & je l'amene.

B R U T U S.

De quel front pourra-t-il?...

SCENE II.

BRUTUS, Les SENATEURS, ARONS,
LICTEURS.

ARONS.

JUſques-à-quand, Romains,
Voulez-vous profaner tous les Droits des Humains ?
D'un Peuple révolté Conſeils vraiment finiſtres !
Penſez-vous abaiſſer les Rois dans leurs Miniſtres ?
Vos Licteurs inſolens viennent de m'arrêter ;
Eſt-ce mon Maître ou moi que l'on veut inſulter ?
Et chez les Nations ce rang inviolable...

BRUTUS.

Plus ton Rang eſt ſacré, plus il te rend coupable ;
Ceſſe ici d'atteſter des Titres ſuperflus.

ARONS.

L'Ambaſſadeur d'un Roi...

BRUTUS.

Traître, tu ne l'ès plus ;
Tu

Tu n'ès qu'un Conjuré, paré d'un nom fublime,
Que l'impunité feule enhardiffoit au crime.
Les vrais Ambaffadeurs, Interprêtes des Lóix,
Sans les deshonorer, favent fervir leurs Rois,
De la Foi des Humains difcrets Dépofitaires,
La Paix feule eft le fruit de leurs faints Minifteres;
Des Souverains du Monde ils font les Nœuds facrés,
Et par tout bienfaifans, font par tout révérés.
A ces traits, fi tu peux, ofe te reconnoître;
Mais fi tu veux au moins rendre compte à ton Maître,
Des Refforts, des Vertus, des Loix de cet Etat;
Comprens l'efprit de Rome, & connois le Sénat:
Ce Peuple augufte & faint fait refpecter encore
Les Loix des Nations que ta main deshonore;
Plus tu les méconnois, plus nous les protegeons;
Et le feul châtiment qu'ici nous t'impofons,
C'eft de voir expirer les Citoyens perfides,
Que lioient avec toi leurs Complots parricides,
Tout couvert de leur fang répandu devant toi,
Va d'un crime inutile entretenir ton Roi,
Et montre en ta perfonne aux Peuples d'Italie
La fainteté de Rome, & ton ignominie.
Qu'on l'emmene, Licteurs.

SCENE

SCENE III.

Les SENATEURS, BRUTUS, VALE-
RIUS, PROCULUS.

BRUTUS.

EH bien, Valerius,
Ils font faifis fans doute, ils font au moins connus?
Quel fombre & noir chagrin, couvrant votre vifage,
De maux encor plus grands femble être le préfage?
Vous frémiffez.

VALERIUS.

Songez que vous êtes Brutus.

BRUTUS.

Expliquez-vous....

VALERIUS.

Je tremble à vous en dire plus.

Il lui donne des Tablettes.

Voyez, Seigneur, lifez; connoiffez les coupables.

BRU-

BRUTUS prenant les Tablettes.

Me trompez-vous, mes yeux ? O jours abominables !
O Pere infortuné ! Tiberinus, mon fils !
Sénateurs, pardonnez... le perfide est-il pris ?

V A L E R I U S.

Avec deux Conjurés il s'est osé defendre ;
Ils ont choisi la mort plûtôt que de se rendre ;
Percé de coups, Seigneur, il est tombé près d'eux,
Mais il reste à vous dire un malheur plus affreux,
Pour vous, pour Rome entiere, & pour moi plus
     sensible.

B R U T U S.

Qu'entens-je ?

V A L E R I U S

        Reprenez cette Liste terrible,
Que chez Messala même a saisi Proculus.

B R U T U S

Lisons donc... je frémis, je tremble, Ciel ! Titus !

Il se laisse tomber entre les bras de Proculus.

V A L E R I U S

Assez près de ces lieux je l'ai trouvé sans armes,
               Errant,

Errant, défefperé, plein d'horreur & d'allarmes ;
Peut-être il déteftoit cet horrible attentat.

BRUTUS.

Allez, Peres confcrits, retournez au Sénat ;
Il ne m'appartient plus d'ofer y prendre place ;
Allez, exterminez ma criminelle race ;
Puniffez-en le Pere, & jufque dans mon flanc,
Recherchez fans pitié la fource de leur fang ;
Je ne vous fuivrai point, de peur que ma préfence
Ne fufpendît de Rome, ou fléchît la vangeance.

H   SCENE

SCENE IV.

BRUTUS.

GRands Dieux, à vos Décrets tous mes vœux font
     foumis
Dieux! Vangeurs de nos Loix, Vangeurs de mon Païs;
C'eſt vous qui par mes mains fondiez ſur la Juſtice,
De notre Liberté l'éternel édifice;
Voulez-vous renverſer ſes ſacrés fondemens?
Et contre votre ouvrage armiez-vous mes Enfans?
Ah! que Tiberinus en ſa lâche furie
Ait ſervi nos Tyrans, ait trahi ſa Patrie;
Le coup en eſt affreux; le traître étoit mon Fils.
Mais, Titus! un Héros, l'Amour de ſon Païs,
Qui dans ce même jour, heureux & plein de gloire,
A vû par un Triomphe honorer ſa Victoire:
Titus, qu'au Capitole ont couronné mes mains:
L'eſpoir de ma vieilleſſe, & celui des Romains:
Titus! Dieux!

SCENE V.

BRUTUS, VALERIUS, SUITE, LICTEURS.

VALERIUS.

DU Sénat la volonté suprême
Eſt, que ſur votre Fils vous prononciez vous-même.

BRUTUS.

Moi?

VALERIUS.

Vous ſeul;

BRUTUS.

Et du reſte en a-t-il ordonné?

VALERIUS.

Des Conjurés, Seigneur, le reſte eſt condammé,
Au moment où je parle ils ont vécu peut-être.

BRUTUS.

Et du ſort de mon Fils le Sénat me rend maître?

VALERIUS.

Il croit à vos vertus devoir ce rare honneur.

BRUTUS.

O Patrie!

VALERIUS.

Au Sénat que dirai-je, Seigneur?

BRUTUS.

Que Brutus voit le prix de cette grace infigne,
Qu'il ne la cherchoit pas . . . mais qu'il s'en rendra
    digne . . .
Mais mon Fils s'eft rendu fans daigner réfifter;
Il pourroit . . . pardonnez fi je cherche à douter;
C'étoit l'appui de Rome, & je fens que je l'aime.

VALERIUS.

Seigneur, Tullie . . .

BRUTUS.

Eh bien . . .

VALERIUS.

Tullie au moment même
N'a que trop confirmé ces foupçons odieux.

BRU-

BRUTUS.

Comment, Seigneur ?

VALERIUS.

A peine elle a revû ces lieux,
A peine elle apperçoit l'appareil des fupplices,
Que fa main confommant ces triftes facrifices,
Elle tombe, elle expire, elle immole à nos Loix
Ce refte infortuné de nos indignes Rois.
Si l'on nous trahiffoit, Seigneur, c'étoit pour elle.
Je refpecte en Brutus la douleur paternelle ;
Mais tournant vers ces lieux, fes yeux appéfantis,
Tullie, en expirant, a nommé votre Fils.

BRUTUS.

Juftes Dieux !

VALERIUS

C'eft à vous à juger de fon crime,
Condamnez, épargnez, ou frappez la victime,
Rome doit approuver ce qu'aura fait Brutus.

BRUTUS.

Licteurs, que devant moi l'on amene Titus.

VALERIUS.

Plein de votre vertu, Seigneur, je me retire ;
Mon efprit étonné vous plaint, & vous admire ;

Et

Et je vais au Sénat apprendre avec terreur,
La grandeur de votre ame , & de votre douleur.

SCENE VI.

BRUTUS , PROCULUS.

BRUTUS.

Non , plus j'y pensé encor , & moins je m'imagine
Que mon Fils des Romains ait tramé la ruine ;
Pour son Pere , & pour Rome , il avoit trop d'amour ;
On ne peut à ce point s'oublier en un jour.
Je ne le puis penser ; mon Fils n'est point coupable.

PROCULUS.

Messala qui forma ce complot détestable ,
Sous ce grand nom peut-être a voulu se couvrir ;
Peut-être on hait sa gloire , on cherche à la flétrir.

BRUTUS.

Plût au Ciel !

PROCULUS.

De vos Fils , c'est le seul qui vous reste ;
Qu'il

Qu'il soit coupable, ou non, de ce complot funeste,
Le Sénat indulgent vous remet ses destins ;
Ses jours sont assurez, puisqu'ils sont dans vos mains.
Vous saurez à l'Etat conserver ce grand homme ;
Vous êtes Pere enfin.

BRUTUS.

Je suis Consul de Rome.

SCENE VII.

BRUTUS, PROCULUS, TITUS, *dans le fond du Theâtre, avec des Licteurs.*

PROCULUS.

LE voici.

TITUS.

C'est Brutus ! O douloureux momens !
O Terre entr'ouvre-toi sous mes pas chancelans !
Seigneur, souffrez qu'un fils...

BRUTUS.

Arrête, Témeraire.

H 4　　　　　　　De

De deux Fils que j'aimai, les Dieux m'avoient fait Pere,
J'ai perdu l'un ; que dis-je ? Ah ! malheureux Titus,
Parle : ai-je encor un Fils ?

T I T U S.

Non, vous n'en avez plus.

B R U T U S.

Réponds donc à ton Juge, Opprobre de ma vie.

Il s'assied.

Avois-tu réfolu d'opprimer ta Patrie,
D'abandonner ton Pere au pouvoir abfolu,
De trahir tes Sermens ?

T I T U S.

Je n'ai rien réfolu ;
Plein d'un mortel poifon, dont l'horreur me dévore,
Je m'ignorois moi-même, & je me cherche encore ;
Mon cœur encor furpris de fon égarement,
Emporté loin de foi, fut coupable un moment ;
Ce moment m'a couvert d'une honte éternelle,
A mon Païs que j'aime, il m'a fait infidelle ;
Mais, ce moment paffé, mes remords infinis
Ont égalé mon crime, & vangé mon Païs.
Prononcez mon Arrêt. Rome, qui vous contemple

A

A befoin de ma perte, & veut un grand exemple.
Par mon jufte fupplice il faut épouvanter
Les Romains, s'il en eft, qui puiffent m'imiter.
Ma mort fervira Rome autant qu'eût fait ma vie,
Et ce fang en tout temps utile à fa Patrie,
Dont je n'ai qu'aujourd'hui fouillé la pureté,
N'aura coulé jamais que pour la liberté.

BRUTUS.

Quoi! tant de perfidie avec tant de courage?
De crimes, de vertus, quel horrible affemblage!
Quoi! fur fes Lauriers même, & parmi ces Drapeaux,
Que fon fang à mes yeux rendoit encor plus beaux!
Quel Démon t'infpira cette horrible inconftance?

TITUS.

Toutes les paffions, la foif de la vangeance,
L'ambition, la haine, un inftant de fureur...,

BRUTUS.

Acheve, malheureux.

TITUS.

Une plus grande erreur,
Un feu qui de mes fens eft même encor le maître,
Qui fit tout mon forfait, qui l'augmente peut-être.

C'eft

C'eſt trop vous offenſer par cet aveu honteux;
Inutile pour Rome, indigne de nous deux.
Mon malheur eſt au comble ainſi que ma furie;
Terminez mes forfaits, mon déſeſpoir, ma vie,
Votre opprobre, & le mien. Mais ſi dans les Combats
J'avois ſuivi la trace où m'ont conduit vos pas,
Si je vous imitai, ſi j'aimai ma Patrie,
D'un remords aſſez grand, ſi ma rage eſt ſuivie;

Il ſe jette à genoux.

A cet infortuné daignez ouvrir vos bras;
Dites du moins, mon Fils, Brutus ne te hait pas;
Ce mot ſeul, me rendant mes vertus, & ma gloire,
De la honte où je ſuis défendra ma mémoire.
On dira que Titus, deſcendant chez les Morts,
Eut un regard de vous pour prix de ſes remords:
Que vous l'aimiez encore, & que malgré ſon crime,
Votre Fils dans la tombe emporta votre eſtime.

B R U T U S.

.. Son remords me l'arrache. O Rome! O mon Païs!
Proculus… à la mort que l'on mene mon Fils.
.. Leve-toi, triſte objet d'horreur, & de tendreſſe:
Leve-toi, cher appui qu'eſpéroit ma vieilleſſe:
Viens embraſſer ton Pere: il t'a dû condamner;
Mais, s'il n'étoit Brutus, il t'alloit pardonner.

Mes

Mes pleurs, en te parlant, inondent ton visage :
Va, porte à ton supplice un plus mâle courage ;
Va, ne t'attendris point, sois plus Romain que moi,
Et que Rome t'admire, en se vangeant de toi.

T I T U S.

Adieu, je vais périr, digne encor de mon Pere.

On l'emmene.

SCENE VIII.

BRUTUS, PROCULUS.

PROCULUS.

SEigneur, tout le Sénat dans sa douleur sincere
Et frémissant du coup qui doit vous accabler...

BRUTUS.

Vous connoissez Brutus, & l'osez consoler ?
Songez qu'on nous prépare une attaque nouvelle ;
Rome seule a mes soins, mon cœur ne connoît qu'elle.
Allons, que les Romains dans ces momens affreux
Me tiennent lieu du Fils que j'ai perdu pour eux,
Que je finisse au moins ma déplorable vie,
Comme il eût dû mourir, en vangeant la Patrie.

SCE-

SCENE DERNIERE.

BRUTUS, PROCULUS, Un SENATEUR.

LE SENATEUR.

SEigneur...

BRUTUS.

Mon Fils n'eſt plus ?

LE SENATEUR.

C'en eſt fait.. & mes yeux...

BRUTUS.

Rome eſt libre. Il ſuffit... Rendons graces aux Dieux.

FIN.

APPRO-

APPROBATION.

J'Ai lû, par ordre de Monseigneur le Garde des Sceaux, la TRAGEDIE DE BRUTUS, avec le Discours à Mylord Bolingbroocke. A Paris, ce 13 Janvier 1731.

DUVAL.

www.ingramcontent.com/pod-product-compliance
Lightning Source LLC
Chambersburg PA
CBHW051740090426
42738CB00010B/2339